ELFEN, GOBLINS UND SPUKGESTALTEN

ELFEN, GOBLINS UND SPUKGESTALTEN

Ein Handbuch der anderen Welt,
nach alten Quellen erschlossen und aufgezeichnet von
BRIAN FROUD *und* ALAN LEE

Weltbild

Inhalt

Zur Terminologie

Die Nomenklatur der Geisterkunde hat ihre Tücken. Ein- und derselbe Geist kann, je nachdem, wo er auftritt, verschiedene Namen führen. So zahlreich sind die Bewohner der »anderen« Welt, daß manche falsch oder oberflächlich klassifiziert wurden. Eine Spezies geht in die andere über, und wer kann sagen, wo eine Fee endet und eine Elfe beginnt? Und was ist mit Geistern, die sich verwandeln? In einer Gestalt gehören sie vielleicht in eine Kategorie, in anderer in eine ganz andere? Hinsichtlich der Terminologie, wie überhaupt in allen Aspekten der Geisterkunde, lassen sich also keine Vernunftregeln aufstellen – das Geisterreich hat seine eigenen Gesetze, die sich nicht auf unsere Welt übertragen lassen.

Trotzdem wollen wir unser Bestes tun, an Hand des verfügbaren Materials Klarheit zu schaffen.

Die Aussprache der Namen einiger Individuen und Stämme der Geisterwelt mag Schwierigkeiten bereiten. Im Interesse der besseren Verständlichkeit wurden deshalb, soweit möglich, annähernde Ausspracheäquivalente nach den Eigennamen gegeben.

Vorwort
– anstelle einer Einführung

Wir sagen »anstelle«, weil es eigentlich keine Einführung in die Welt der Geister gibt; das heißt, niemand kann Sie bei den Geistern einführen (wenn auch zuweilen das Gegenteil behauptet wird, beruht es wahrscheinlich auf der Unmenge fragwürdiger Literatur über die allgegenwärtigen Wesen). Tatsache ist, daß ein Mensch von den Geistern entweder akzeptiert wird oder nicht. Man kann es nicht beeinflussen. So mancher völlig Abgeneigte fand sich vom Zauber der »anderen« Welt, zu deren eigenen Zwecken, gefangen. Ein anderer wieder mochte noch so lange in nebligen Waldtälern umherstreifen oder versuchen, in einer Ecke seines Gartens mit der Natur zu kommunizieren, es brachte nichts außer einem allgemeinen Gefühl von Feuchtigkeit (angeblich sind Gartenwinkel ein beliebter Aufenthaltsort von Geistern). Unsere eigene Erfahrung mit den Zauberwesen ist schwer zu beschreiben. Wie sollte es bei Kreaturen so unterschiedlichen und stets sich wandelnden Charakters auch anders sein? In dem Bemühen, wenigstens etwas Ordnung in ein so umstrittenes Wissensgebiet zu bringen, durchforschten wir Legenden, Mythen, Volksbrauchtum, Gespenstergeschichten und reine Phantasie. Die Menge des so gesammelten Materials mußte gesiebt werden, um sie überhaupt in den Griff zu bekommen. Unser Buch ist daher (soweit möglich) nach Geisterkategorien und verschiedenen Arten der Begegnung mit ihnen unterteilt. Und hier muß nun eines klargestellt werden: die wirkliche Erfahrung mit übernatürlichen Wesen ist grundverschieden von der romantischen Vorstellung aus den vielen Geschichten, die da enden: »und wenn sie nicht gestorben sind ...« Die Welt des »Es war einmal ...« ist, so schön sie auch sein mag und so sehr wir sie schätzen, *nicht* die wahre Welt der Geister. Geister bedeuten Macht, magische Macht, dem Menschen unbegreiflich und unnachahmlich. Wir müssen uns stets vor Augen halten, daß das Reich der Geister zwar in hohem Maße abhängig ist vom Menschen, daß seine Bewohner aber fremde Kreaturen sind, deren Wertvorstellungen und Ethik von der unseren grundverschieden sind: sie denken, und vor allem, sie *fühlen* nicht wie wir. Und eben darin liegt der Grund für ihre Neidgefühle uns gegenüber und für so manches Unheil, das sie anrichten; denn auch Geister sind aus dem Stoff des Lebens gemacht und fühlen sich von jeder Form von Kreativität angezogen, und ganz besonders auch von starken Emotionen, an denen sie teilhaben wollen. Liebende, Dichter, Maler, Schriftsteller, Bildhauer, Musiker, sie alle spüren den Einfluß eines nicht zu beschreibenden, unsichtbaren, launenhaften, empfindlichen, zarten, flüchtigen und machtvollen Wesens, das sie »Inspiration« oder »Muse« nennen und das unwiderstehlich ist, solange seine Gegenwart andauert. Es ist kein Zufall, daß mit den genannten Eigenschaften auch die Hauptmerkmale der Geisterwelt umrissen sind, die darum auch für uns unendlich wertvoll ist.

Die Welt der Geister ist eine Welt des dunklen Zaubers, der betörenden Schönheit, der enormen Häßlichkeit, der kalten Oberflächlichkeit, des Humors, der Boshaftigkeit, der Freude und Inspiration, des Lachens, des Schreckens, der Liebe und der Tragödie. Sie ist viel reicher, als man vermuten mag, und sie ist eine Welt, die man sacht betreten soll, denn wenn Geister eines hassen, so sind es aufdringliche Menschen, die in ihrem Reich herumstolpern wie taktlose Touristen.

Die Möglichkeiten der Begegnung mit der »anderen« Welt schwinden aber in dem Maße, in dem der Mensch sich von der Natur entfernt, und es ist darum höchste Zeit – fast schon zu spät – angehäuften Aberglauben und falsche Vorstellungen vom wahren Wesen der Geister zu sondern und die Welt der Geister mit, so hoffen wir, freundlicher Objektivität zu betrachten und ihren wirklichen Wert für den Menschen zu erkennen.

Betty Ballantine

Woher kommen sie?

Die Mythen und Legenden um die Welt der Geister sind so zahlreich wie widersprüchlich. Nichts ist sicher außer dem einen – daß nichts sicher ist. Im Reich der Geister ist alles möglich.

Die Ursprünge:
Geisterwesen waren von den frühesten Anfängen an Gegenstand menschlichen Rätselns. Was sind Geister? Woher kommen sie?
Der nordischen Mythologie zufolge krochen aus der Leiche des Riesen Ymir Maden hervor, die zu Lichtelfen und Dunkelelfen wurden. Lichtelfen bevölkern die Lüfte, sind gütig und froh; Dunkelelfen aber sind hinterhältig, böse und abstoßend.
Und so lautet die isländische Version der Geburt der Geister: Eines Tages wusch Eva all ihre Kinder am Fluß, als Gott zu ihr sprach. Voll Angst und ehrfürchtiger Scheu versteckte sie die Kinder, die noch ungewaschen waren. Gott fragte, ob das all ihre Kinder seien, und sie antwortete mit »Ja«. Da bestimmte Gott, daß die, die sie vor ihm verborgen hatte, für immer verborgen bleiben sollten. Sie wurden zu Elfen und Feen und waren in skandinavischen Ländern unter der Bezeichnung »Huldre Folk« bekannt. »Huldre« Mädchen sind besonders schön, haben aber einen langen Kuhschwanz; oder wenn dies nicht der Fall ist, sind sie von hinten hohl und bieten nur eine schöne Vorderfront, womit sie in dem Geiste fortleben, in dem sie entstanden.
In anderen Gegenden glaubt man, daß Geister gefallene Engel sind: nicht schlecht genug für die Hölle und nicht gut genug für den Himmel – dazu verdammt, ewig in zwielichtigen Zwischenregionen, dem »Mittelreich«, zu leben. In Devonshire glaubt man, daß Pixie-Kobolde die Seelen ungetaufter Kinder sind. Aber all das sind bereits christliche Vorstellungen, während die Welt der Geister sehr viel älter ist und Jahrtausende vor die Zeit des Christentums zurückreicht. Sie existierte – und existiert heute noch – in unterschiedlichen Formen überall in der Welt.

Das Reich der Geister

Wo liegt es, das Geisterreich? Seine Grenzen sind in Nebeln verborgen, und nicht jeder kann es finden. Einmal liegt es gerade hinter dem Horizont, ein andermal unter unseren Füßen, obwohl es auch Zeiten gab, zu denen es als wirklich existierender geographischer Ort galt. Die Waliser zum Beispiel dachten zunächst, das Reich der Geister und Elfen läge im Norden hinter ihren Bergen. Später suchten sie es im Westen auf der nebligen und felsigen Halbinsel Pembroke und verlegten es schließlich auf eine Insel in der Irischen See vor der Küste von Pembrokeshire. Die Insel wurde regelmäßig von Seefahrern gesehen, die manchmal sogar dort landeten. Ebenso regelmäßig verschwand sie aber wieder, obwohl die Geister dieser Insel oft auf Märkten in Wales auftauchten. Auch die Iren kannten die Geisterinsel. Sie nannten sie Hy Breasil und sagten, sie läge im Westen. Die Briten dagegen vermuteten ein Geisterreich auf der sagenumwobenen Insel Man.

Das berühmteste Zauberreich ist wahrscheinlich Avalon. Ein Dichter des 15. Jahrhunderts berichtet, wie der legendäre König Artus tödlich verwundet hierher gebracht wurde, um von vier Elfenköniginnen wieder gesundgepflegt zu werden. Noch heute, so berichtet die Sage, liegt König Artus mit seinen Rittern in tiefem Schlaf in einem verzauberten Hügel und wird wieder auferstehen und über das Land herrschen, wenn seine Stunde gekommen ist. Ganz plötzlich und unerwartet können wir manchmal einen Blick in das herrlich strahlende und glitzernde Zauberreich werfen, bevor es verschwindet, genauso plötzlich, wie es erschien. Seine Grenzen sind überall um uns, doch sie verschwimmen in Dämmerlicht, Nebel und Phantasie, geradeso wie der Meeresboden vor einer Küste aufleuchtet, ehe ihn die Flut wieder bedeckt. Je nachdem, wo sie beheimatet sind, unterscheidet man zwischen verschiedenen Geisterarten. Da gibt es einzeln für sich lebende Feen und ländliche Kobolde, die in Wäldern, Hügeln und Höhlen hausen. Manche wählen einen Baum zu ihrer Behausung, mit dem sie dann gewissermaßen verschmelzen.

Andere wiederum wohnen auf Geisterinseln oder in Ländern unter dem Meer. Es gibt aber auch Wassergeister im Meer, in Seen und Flüssen.

Auch Hausgeister gibt es, wie zum Beispiel die Heinzelmännchen.

Die Formen des Zusammenlebens sind bei den verschiedenen Zauberwesen sehr unterschiedlich. Sie reichen von den einsam für sich lebenden Lepracauns, einer Art von Kobolden in Irland, hierzulande auch unter der deutschen Bezeichnung »Ampferwichtel« bekannt, über kleine Sippen bis zu großen, hierarchisch gegliederten Gemeinschaften, die oft ganze ausgehöhlte Hügel bewohnen.

In der Regel hat jeder Hügel seinen eigenen König und seine eigene Königin. Sie sind aber für gewöhnlich einem „obersten König" untertan.

Der berühmteste dieser obersten Könige ist Oberon. Der Sage zufolge wurde über ihn bei seiner Taufe ein Fluch gesprochen, so daß er ewig zwergwüchsig blieb.

Die hohlen Hügel

Alte Bergwerke, Festungsgräben und Grabhügel wurden schon immer von Geistern bewohnt. Im Gälischen heißen die Feen, Elfen und Kobolde Sidhe (gesprochen »Schie«), was Hügelvölkchen bedeutet. Nachts kann man manchmal sehen, wie es auf solchen Hügeln von unzähligen Lichtern wimmelt, oder wie sich die ganze Hügelkuppe hebt. Durch Säulen hindurch sieht man dann das gleißende Licht im Hügelinnern und einen Zug von Kobolden, der sich vom Hügel fort zu einem anderen bewegt.

Es ist dringend davon abzuraten, mit Gewalt in einen Geisterhügel einzudringen, aber es ist nichts dagegen einzuwenden, wenn ein Mensch einen solchen Hügel vorsichtig und ohne feindselige Absicht beobachtet. Wenn das Hügelvölkchen sich jedoch gar nicht sehen lassen will, kann es helfen, den Hügel bei Vollmond neunmal zu umschreiten. Dann tut sich vielleicht der Eingang auf. Wem der Mut fehlt, das Innere eines Geisterhügels zu betreten, der presse das Ohr gegen den Boden, dann kann er unter Umständen wunderbares Elfengeläut hören.

Schätze des Hügelvolks

Die Geister bewachen ihre Schätze so eifersüchtig, daß man sich hüten sollte, sich daran zu vergreifen. Schatzsucher, die in einen verzauberten Hügel eindringen wollen, hören merkwürdige, klagende Stimmen, oder ein plötzlich ausbrechender Sturm braust ihnen um die Ohren. So berichtet Pfarrer F. Warne in seinen Aufzeichnungen aus dem Jahre 1854 zum Beispiel von einigen Männern, die in ihrer Gier nach Gold in den heiligen Hügel von Castle Neroche in Somerset eindringen wollten. Noch ehe sie eine einzige Münze gefunden hatten, wurden sie von panischer Furcht ergriffen und verließen den Ort in kopfloser Flucht. Mit ihnen geschah Furchtbares und Unerklärliches: Vier Wochen später war keiner von ihnen mehr am Leben. Sie starben alle durch Unfälle oder wurden durch heftiges Fieber dahingerafft.

Ähnliches berichtet ein Buch aus dem Jahre 1911: Ein Bauer auf den Orkney-Inseln war durch Stimmen gewarnt worden, nicht in einem bestimmten Hügel auf seinen Feldern zu graben, »sonst werde er sechs Kühe verlieren und sechs Särge würden aus

seinem Haus getragen«. Er schlug die Warnung in den Wind und verlor alsbald Familie und Vieh. Natürlich soll man auf verwunschenem Boden nicht bauen. Wer auf Geisterboden ein Bauwerk errichtet, ist schlecht beraten, denn das kleine Volk ist durchaus in der Lage, Häuser, Kirchen und sogar Schlösser zu bewegen, wenn ihm deren Standort nicht gefällt. So ragte zum Beispiel die Ecke eines Hauses in Irland in einen Geisterpfad hinein. Jede Nacht scholl wüster Lärm durch das Haus, die Wände zitterten, und der Besitzer fürchtete, es würde einfallen. Schließlich kam er darauf, die Ecke des Hauses, die sozusagen der Stein des Anstoßes war, abzutragen. Von da an hatte er Ruhe! In anderen, ähnlichen Fällen fand man eine Notlösung, indem man die Eingangstür und die rückwärtige Tür offen ließ, um den Geistern freien Durchgang zu gewähren. Obwohl diese Lösung etwas zugig ist, liegen noch heute in vielen Bauernhäusern Irlands die Eingangs- und Hintertüren einander gegenüber.

Hexen sind häufig in Geisterhöhlen
zu Gast. In den großen Hexenprozessen
des 17. Jahrhunderts war der Besuch von
Geisterhöhlen darum auch ein häufiger
Anklagepunkt.

Die Geschichte von St. Collen und Gwynn ap Nudd

Einladungen, einen Geisterhügel zu besuchen, soll man nur mit größter Vorsicht annehmen, und man darf sich auf keinen Fall überreden lassen, etwas zu essen oder zu trinken. Wer das tut, ist unweigerlich verloren. Diese und viele andere Eigentümlichkeiten zeigen die nahe Verwandtschaft der Hades- und Unterweltmythologie mit den Legenden über die unterirdischen Geister. Was immer ein Lebender annimmt, und sei es auch nur ein Granatapfelkern, wie im Falle der Proserpina, es wird ihn für immer an die Welt der Unterirdischen binden. Auch die folgende Geschichte von St. Collen und Gwynn ap Nudd zeigt Parallelen zu Legenden des Hades:

Gwynn ap Nudd ist Herrscher von Plant Annwn (was grob mit Hades-Familie übersetzt werden kann), und eigentlich bilden die Seen in Wales die Eingänge zu seinem unterirdischen Reich. In der vorliegenden Sage geht es jedoch um ein Schloß auf dem steilen Felsen von Glastonbury. Am Fuße dieses Felsens lebte St. Collen, ein Eremit, in seiner Zelle. Auf der Spitze des Felsens erschien eines Nachts ein wunderbares Schloß, und von da an erhielt er wiederholt Einladungen, es zu besuchen. Schließlich gab er dem Drängen nach, erstieg den Felsen und betrat das Schloß. Sogleich fand er sich von schönen jungen Mädchen und jungen Männern umringt. Soldaten und Hofdiener wimmelten durcheinander, letztere alle in Scharlachrot und Blau gekleidet. Gwynn ap Nudd bot St. Collen zu essen und zu trinken an. St. Collen aber sprach: »Ich esse nicht die Blätter von einem Baum.« Als Gwynn ihn fragte, wie er die herrlichen Livreen der Bediensteten fände, antwortete St. Collen: »Scharlachrot für ewiges Feuer und Blau für das Eis der Hölle sind passende Farben für jene Dämonen!« Dann besprengte er die Versammelten mit Weihwasser, das er vorsichtshalber mitgenommen hatte. Mit einem Schlage war der ganze Spuk verschwunden, und er stand einsam und allein auf dem kahlen Gipfel. Von dem Schloß und seinen Bewohnern war nichts mehr zu sehen.

Die Ähnlichkeit dieser Legende mit der biblischen Beschreibung der Hölle zeigt, wie sehr heidnische Vorstellungen von der Unterwelt in den christlichen Glauben eingegangen sind.

Auf Geisterhügeln wächst häufig als deutliches
Zeichen ein Dornenstrauch. Diese
Sträucher gelten in der christlichen
Mythologie, aber auch im
Geisterreich als heilig.

In der Artus-Sage spielt der Dornstrauch ebenfalls eine Rolle.

Geistermusik

Die Musikanten der Geisterwelt sind besonders begabt. Berühmte und bekannte Melodien, die den Menschen erfreuen, stammen oft von ihnen. Geister hören auch leidenschaftlich gern Musik, und besonders talentierte Musiker unter den Menschen müssen gewärtig sein, wegen ihres Könnens in die Unterwelt entführt zu werden.

Feenmusik ist wild und traurig zugleich. Auf das menschliche Ohr übt sie einen tödlichen Zauber aus. Wer ihr lauscht, verfällt entweder in einen todesähnlichen Schlaf oder in melancholische Selbstvergessenheit. Immer hört er die fernen sehnsuchtsvollen Klänge, die ihn an das Unerreichbare erinnern. Morgan Gwilyn sah Zauberwesen und hörte (zu seinem Glück!) nur noch die letzten Takte ihrer verklingenden Musik. Er erinnert sich noch an die folgenden Töne:

Geister spielen verschiedene Instrumente, wie Fiedel, Harfe, Tambourin, Cymbal und Maultrommel.

Gerade so gern wie sie musizieren, tanzen sie auch, und dies gilt für gute und böse Geister gleichermaßen. Haben sie keinen Partner, so hüpfen die kleinen Wichte ganz für sich allein in immer wilderen Sprüngen und Verdrehungen im Kreis herum. Menschen, die mittanzen, sollen sich in Acht nehmen; denn das Tanzen kann in Besessenheit ausarten, bis sie schließlich an Auszehrung sterben.

Die Legende von Knockgrafton

In Irland erzählt man sich die Legende von Lusmore, dem Buckligen, der in einem fruchtbaren Tal zu Füßen der düsteren Galtee-Berge lebte (T. Crofton Croker: *»Fairy Legends and Traditions of the South of Ireland«*). Lusmore bedeutet »roter Fingerhut«, und er hieß so, weil er stets einen Stengel von dieser Pflanze an seinem kleinen Strohhut trug. Lusmore litt sehr unter seiner Mißgestalt. Die Leute im Dorf fürchteten sich vor ihm wegen seines unnatürlichen Aussehens und gingen ihm aus dem Wege. Lusmores Buckel war gewaltig. Er sah aus, als bestünde er nur aus diesem Buckel, an dem ein Kopf sowie Arme und Beine saßen. Wenn er saß, mußte er den Kopf auf die Knie stützen, um ihn überhaupt hochzuhalten. Außerdem erfand man böse Geschichten über Lusmore, gewiß auch aus Neid, denn er verstand es, sehr schöne Körbe und Strohhüte zu flechten, für die die Leute gern mehr zahlten als für die Ware der anderen.
Eines Abends befand sich Lusmore auf dem Heimweg vom hübschen Städtchen Cahir. Am alten Burggraben von Knockgrafton setzte er sich nieder, um ein wenig auszuruhen. Da hörte er aus dem Graben überirdisch schöne Musik, und er lauschte versunken der sich ständig wiederholenden Melodie. Als sie schließlich aussetzte, sang er den Refrain gedankenverloren in etwas höherer Tonlage weiter, ohne zu bemerken, daß auch die Geister im Graben inzwischen wieder eingestimmt hatten. Sie waren so begeistert von der neuen Variation ihrer Melodie, daß sie beschlossen, diesen Sterblichen sogleich zu sich hinunterzuziehen und mit ihm zu singen und zu musizieren. Das taten sie auch und feierten ihn und ließen ihn hochleben, als sei er der Größte im ganzen Land.
Nach einer Weile entstand eine Unruhe unter den Versammelten, sie wisperten und flüsterten miteinander, und Lusmore wußte nicht recht, was er davon halten sollte, bis ein Geist hervortrat und sprach:

> Lusmore, Lusmore,
> Fürchte dich nicht.
> Fort ist das Gewicht,
> Dein Rücken ist leer,
> Der Buckel liegt am Boden,
> Sieh nur her!

Lusmore fühlte, wie seine Schultern ungewohnt leicht wurden, »und er hätte vor Freude einen Luftsprung tun mögen!« Voll Verwunderung sah er um sich. Zum ersten Mal in seinem Leben konnte er den Kopf heben, und die Welt erschien ihm wunderschön.

»Überwältigt von all dem Glanz wurde ihm ganz schwindelig im Kopf, und sein Blick trübte sich.« Schließlich fiel er in einen tiefen Schlaf. Als er erwachte, Wunder über Wunder, war er ein verwandelter Mensch. Nicht nur sein Buckel war verschwunden, er war auch in einen schönen, nagelneuen Anzug gekleidet, den ihm die Geister wohl geschenkt haben mußten, so daß er nun wirklich schön anzusehen war.
Bald hatte sich die Geschichte im ganzen Land herumgesprochen. Da kam eines Tages eine alte Frau zu ihm und ließ sich seine »Heilung« in allen Einzelheiten beschreiben, denn der Sohn einer Freundin litt ebenfalls unter einem Buckel. Lusmore war ein gutmütiger Kerl und gab bereitwillig Auskunft. Die Frau dankte ihm freundlich und ging davon. Sie erzählte ihrer Freundin, was Lusmore ihr berichtet hatte, und die beiden Frauen machten sich mit dem buckligen Sohn sogleich auf den Weg zum alten Burggraben von Knockgrafton. Der Bucklige aber, er hieß Jack Madden, war ein übellauniger und hinterlistiger Kerl und obendrein ungeduldig. Als er die Zauberweise hörte, machte er sich gar nicht erst die Mühe zuzuhören, um im richtigen Moment einzustimmen, sondern plärrte einfach dazwischen. »Was Lusmore kann«, dachte er, »kann ich schon lange. Und wenn der einen neuen Anzug bekam, so bekomme ich zwei!«
Die Geister aber waren außer sich vor Zorn über die Störung, zerrten Jack Madden in den Graben hinunter und kreischten und schrien ihm in die Ohren. Dann trat einer hervor und sprach:

»Jack Madden, Jack Madden,
Schrill ist dein Gesang,
Schwer sei dein Gang.
Dein Lied war nichts wert,
Sei drum doppelt beschwert.«

Und damit brachten zwanzig der Kräftigsten Lusmores Buckel und setzten ihn dem armen Jack auf den Rücken über seinen eigenen.
Dann stießen sie den Unglücklichen aus ihrem Schloß. Am nächsten Morgen fanden die beiden Frauen ihn halbtot neben dem Graben liegend, mit zwei riesigen Buckeln auf dem Rücken. Jack Madden aber lebte nur noch wenige Tage mit der Last auf seinen Schultern, ehe er starb.

Magische Kreise

Wo das Elfen- und Geistervolk auf den Wiesen tanzt, entstehen kreisförmige Spuren, vor denen sich der Mensch sehr in acht nehmen soll. Der wilde Zauber ihrer Tanzmusik zieht ihn unwiderstehlich an, und es kann geschehen, daß er, wie nach einem Elfenkuß oder dem Genuß von Geistertrank und -speise, nie wieder zu den Lebenden zurückkehrt. Hat er einmal einen solchen Kreis betreten, muß er unweigerlich mit den Geistern springen und tanzen. Dann mag ihm scheinen, der Tanz habe nur Minuten oder vielleicht ein, zwei Stunden gedauert. In Wirklichkeit aber waren es sieben Jahre oder mehr. So ein Unglückseliger kann durch Freunde gerettet werden, die vorsichtig der Musik nachgehen. Einer tritt dann mit einem Fuß in den Kreis, wobei er sorgfältig darauf achtet, den anderen Fuß nicht nachzuziehen, und zieht den Besessenen heraus. Dabei halten ihn die anderen an den Rockschößen fest.

Tudur der Hirte

Von Tudur, einem walisischen Schafhirten, erzählt man die folgende Geschichte:
Er sah eines Tages, wie Kobolde zur Musik eines winzigkleinen Fiedlers tanzten. Eine ganze Weile schaute er zu und versuchte, dem Zauber der Musik zu widerstehen. Schließlich aber sprang er mit den Worten: »Was soll's mit all der Vorsicht! Spiel auch für mich, du Teufelskerl!« zu den Kobolden in den Kreis.
Sogleich erschienen auf dem Kopf des Fiedlers kleine Hörner, und unter seinem Rock schaute ein langer Schwanz hervor.
Die Kobolde aber verwandelten sich in Ziegen, Hunde, Katzen und Füchse und sprangen wie wild mit Tudur im Kreis herum. Erst am nächsten Tage konnte er von seinem Herrn gerettet werden, der ihn fand, als er wie toll und offensichtlich ganz allein auf der Weide tanzte. Einige Worte aus der Bibel bannten die Geister, und Tudur konnte nach Hause zurückkehren.

Die Legende von Shon ap Shenkin

Viele Legenden berichten auch von den unterschiedlichen Zeitbegriffen in der Geisterwelt und der irdischen Welt. Die bekannteste ist wohl die von Rip van Winkle von Washington Irving.

Auch die Legende von Shon ap Shenkin gehört hierher, der eines schönen Sommermorgens spazierenging und eine wundervolle Zaubermelodie vernahm. Er setzte sich unter einen Baum und lauschte. Als die Weise verklungen war, erhob er sich und bemerkte zu seiner Verwunderung, daß der grüne saftige Baum, unter dem er gesessen hatte, alt und verdorrt war. Kopfschüttelnd ging er heim. Auch das Haus sah merkwürdig verändert aus, irgendwie älter und mit Efeu bewachsen. In der Tür stand ein fremder alter Mann, der Shon fragte, was er wolle. Shon erwiderte, daß er gerade eben vor ein paar Minuten aus diesem Haus gegangen sei. Darauf fragte ihn der Alte nach seinem Namen. Als er die Antwort vernahm, wurde er totenbleich und sprach: »Mein Großvater, der dein Vater war, erzählte oft von deinem Verschwinden.« Bei diesen Worten zerfiel Shon ap Shenkin auf der Stelle zu Staub.

Spriggans

Spriggans sind klein und häßlich und von groteskem Aussehen. Trotz ihrer winzigen Gestalt können sie sich riesengroß aufblähen, weshalb man auch glaubte, sie seien die Geister verstorbener Riesen. Nur als Hüter von in Hügeln verborgenen Schätzen machen sie sich nützlich; im übrigen sind sie üble Diebe, Räuber und Schurken. Kein Menschenhaus ist vor ihnen sicher. Sie rauben den Säugling aus der Wiege und lassen statt dessen einen abscheulichen Wechselbalg zurück. Sie zaubern einen Wirbelsturm, um die Kornernte zu vernichten, und schrecken vor keiner bösen Tat zurück.

In einer Sammlung westenglischer Volksmärchen von Robert Hurst steht die Geschichte von der alten Frau, in deren Häuschen eine Diebesbande von Spriggans nachts ihre Beute teilte. Dabei ließen sie immer auch eine Münze für die Alte zurück. Diese aber wollte mehr. Eines Nachts zog sie deshalb ihr Hemd mit der Innenseite nach außen an. Dies ist ein ebenso zuverlässiges Mittel gegen Spukgeister wie Weihwasser oder ein Stück Eisen. So gelangte sie in den Besitz der gesamten Beute. Die Kobolde aber rächten sich auf ihre Weise: Jedesmal, wenn die Alte danach das Hemd trug, litt sie Todesängste.

Der Geizhals auf dem Geisterhügel

Ein ganz bestimmter Hügel in Cornwall, der Gump, ist dafür bekannt, daß in ihm das Geistervolk fröhliche Feste feiert. Man weiß auch, daß Geister sich bei ihrem Treiben nicht gern zusehen lassen. Wenn ein Mensch aber wohlgesittet ist, kann es schon einmal vorkommen, daß er dabeisein darf und vielleicht sogar noch ein kleines, aber kostbares Geschenk erhält.

Da gab es nun einen Geizkragen, der sich an solch einem Geisterfest bereichern wollte. Eines Nachts machte er sich auf, die kleinen Leute zu bestehlen. Er stieg den Hügel hinauf und hörte schon bald Musik unter seinen Füßen, konnte aber nichts sehen. Je höher er kam, desto lauter wurde die Musik, und plötzlich öffnete sich der Berg vor ihm. Eine große Schar von Geistern strömte heraus, voran die Musiker, gefolgt von Soldaten und schließlich eine grausig anzusehende Horde von Spriggans, die in Cornwall Hüter von Schätzen und Geisterhügeln sind. Beim Anblick dieser furchterregenden Leibgarde zögerte der Geizkragen ein wenig, schritt dann aber voran, da er ja viel größer als all diese Spriggans war.

Der Hügel glänzte von Myriaden feinster Juwelen, die an den Grashalmen blitzten, und der Geizhals blickte voller Gier auf das kostbare, mit Edelsteinen besetzte Tafelgeschirr aus allerfeinstem Gold und Silber. Während der Hofstaat erschien und der Geisterprinz mit seiner Prinzessin auf die am kostbarsten gedeckte Tafel zuschritt, beschloß der Geizhals, diese zuerst abzuräumen. Zu spät bemerkte er, daß die Spriggans glänzende Seile über ihn geworfen hatten und daß aller Augen auf ihn gerichtet waren. Plötzlich versank alles in Dunkelheit. Er spürte einen scharfen Ruck, fiel auf den Rücken und fühlte, wie es ihn überall von Kopf bis Fuß zwickte und zwackte. Als er in der Morgendämmerung erwachte, fand er sich am Fuß des Hügels auf dem Rücken liegend und mit taufeuchten Spinnweben bedeckt.

Die Geschichte von den Schmugglern

Hier zeigen sich die Spriggans weit weniger friedfertig als in der vorhergehenden Geschichte: Eines Abends landete in der Nähe von Long Rock in Cornwall eine kleine Bande von Schmugglern. Sie luden ihre Ware aus dem Boot und trugen sie über die Hochwasserlinie hinauf an Land. Darauf verließen drei der Männer die Gruppe, um das Nötige für den Verkauf der Schmuggelware vorzubereiten. Die drei anderen, unter ihnen Tom Warren, der kühnste Schmuggler jener Tage, legten sich zur Ruhe. Sie waren kaum eingeschlummert, als schrilles Pfeifen und Klingeln sie aus dem Schlaf schreckte. In der Meinung, es handele sich um junges Volk, das sich in der Nähe amüsierte, stieg Tom Warren auf die nächste Düne, um ihnen zu sagen, sie sollten verschwinden. Als er aber oben angelangt war, sah er ganz in der Nähe zwischen den Dünen ein bunt gekleidetes Völkchen tanzen und springen, von dem niemand größer als eine Puppe war. Hie und da leuchtete ein Gesicht im flackernden Licht von Fackeln auf. Auf einer höheren Düne saßen die Musikanten: kleine, alte Männchen mit wehendem Bart, die auf Mundharmonikas bliesen, Cymbeln und Tambourins schlugen, Maultrommel spielten oder auf Grashalmen pfiffen. Alle trugen ein grünes Wams und scharlachrote Käppchen, und ihre Bärte wogten hin und her, während sie musizierten. Tom fand dies ungeheuer komisch und konnte nach einer Weile nicht mehr an sich halten. »Soll ich euch vielleicht den Bart scheren?« schrie er, und dann das gleiche noch einmal. Gerade wollte er ein drittes Mal ansetzen, als alle Tänzer, Hunderte, und viel mehr, als er zunächst bemerkt hatte, sich in Reihen formierten und mit Pfeil und Bogen, Speeren und Schlingen bewaffnet und begleitet von den Musikern, die nun einen Militärmarsch spielten, auf ihn zu marschierten. Im Näherkommen wurden sie größer und größer. So furchterregend war ihr Anblick, daß Tom zu seinen Kameraden floh und alle drei in wilder Hast zu ihrem Boot rannten. Während sie zum Strand liefen, hagelte es Steine auf sie hernieder, »von denen jeder einzelne wie glühende Kohle brannte«.

Sie waren so erschrocken, daß sie in größter Eile aufs Meer hinausruderten und nicht wagten, sich umzusehen, obwohl sie wußten, daß sie in Sicherheit waren, da kein Spriggan sich traut, Salzwasser zu berühren. Als sie sich schließlich doch umblickten, sahen sie die häßlichste Armee, die man sich vorstellen kann. Die Männer standen am Strand und drohten mit ihren Waffen. Erst bei Tagesanbruch, als in der Ferne Pferdegetrappel ertönte, zogen sich die Wichte in die Dünen zurück.

Reiterkavalkaden

Geisterhierarchien ähneln den Monarchien der Menschen. Die vornehmsten dieser Hierarchien waren der »Hof der Seelie« in Schottland und der Stamm der Daoine Sidhe (gesprochen »Tina Schie«) in Irland. Sie vertrieben sich die Zeit mit aristokratischen Vergnügungen, wovon die häufigste und eindrucksvollste in großen, gemeinsamen Ausritten bestand, die der Mensch Geisterritt nennt. Weltberühmt sind Reitkunst und Pferde der irischen Daoine Sidhe (Tina Schie) wohl, weil sie von den legendären »Tuatha de Danann« abstammen, die einst über Irland herrschten und große Reiter waren. Sie wurden jedoch vom Geisterstamm der »Milesier« in den Untergrund vertrieben.

Die Pferde der »Tuatha de Danann« werden von Lady Wilde in »The Ancient Legends of Ireland« so beschrieben: »Die Rasse jener Pferde war nicht von dieser Welt. Sie waren pfeilschnell, und mit ihren fein gebogenen Hälsen, der breiten, kräftigen Brust, den feurigen Augen und den bebenden Nüstern schienen sie eher aus Feuer und Flammen gemacht, denn aus schwerer Erde. In großen Höhlen im irischen Hügelland hatten die Tuatha Ställe für sie hergerichtet. Die edlen Stuten und Hengste wurden mit Silber beschlagen und trugen goldene Zügel, und nie durfte ein Unedler oder Sklave sie reiten. Die Reiterkavalkade der Tuatha war ein unermeßlich schöner Anblick. Auf sieben mal zwanzig Stuten, von denen jede ein Juwel auf der Stirn trug,

das wie ein Stern funkelte, ritten sieben mal zwanzig edle Jünglinge, die alle Söhne von Königen waren. Ihre grünen Mäntel waren goldgesäumt, auf dem Kopf trugen sie einen goldenen Helm, über den Füßen goldene Beinschienen und in der Hand einen goldenen Speer.
In den *»Ancient Legends of Ireland«* heißt es, daß diese Rosse älter als hundert Jahre wurden. Das letzte der Rasse gehörte einem Lord in Connaught und wurde bei dessen Tod mitsamt der übrigen Hinterlassenschaft versteigert. So gelangte es in den Besitz eines Gesandten der britischen Regierung. »Als dessen Stallbursche jedoch versuchte, das stolze Tier zu reiten, stieg es und warf den niedrig geborenen Knecht ab. Er war sofort tot.«

Geisterinseln

Ein stets wiederkehrendes Thema der europäischen Mythologie sind die Inseln der Glückseligen. Sie liegen im westlichen Ozean, noch hinter der untergehenden Sonne. Die Iren scheinen mehr solcher Inseln zu kennen als andere Völker.
Der Überlieferung nach sind diese Inseln Stätten des Glücks, die von Göttern, Geistern, Kobolden, Elfen und Zwergen bewohnt werden. Dort gibt es weder Hitze noch Kälte; es herrscht ewiger Frühling. Arbeit, Alter und Krankheit sind unbekannt. Alles wächst in Hülle und Fülle, und niemand muß säen und ernten, um zu essen.
Die »Tuatha de Danann«, von denen im vorhergehenden Kapitel die Rede war, flohen vor den vorrückenden Milesiern auf die Insel Tir Nan Og, wo sie herrlich und in Freuden lebten. Ihre Tage vergingen mit großen Festen, Jagden, Liebe und Musik. Sogar ihrer Vorliebe für den Kampf konnten sie frönen, denn jeder Erschlagene war am Tag darauf wieder lebendig und gesund.
Manche dieser Inseln treiben auf dem Meer, andere schweben unter Wasser und tauchen nur des Nachts auf, manche, wie die Insel Hy Breasil, sogar nur alle sieben Jahre, wie bei Giraldus Gambrensis zu lesen ist. Noch heute entzieht sie sich dem, der sie sucht. Auf alten Karten ist sie jedoch verzeichnet, und viele Expeditionen wurden entsandt, um sie zu suchen. Sie soll ein rundes, durch einen breiten Fluß geteiltes Eiland sein, ähnlich dem sagenhaften Atlantis, wie es Plato beschreibt.
Die Legende berichtet auch von einer Insel, die über dem Wasser auf einem einzigen Pfeiler steht. Eine andere liegt etliche Meter unter der Wasseroberfläche, und das Wasser steht um sie herum wie gläserner Fels. Andere sind von Fabeltieren bewohnt und mit phantastischen Bauwerken geschmückt. Auch König Artus besuchte viele dieser Inseln mit seinem verzauberten Schiff »Prydwen«.

Mancher Seemann hat vor der Küste von Wales
„Die verzauberten Wiesen" gesehen.
Sie schweben dicht unter der Wasseroberfläche.

Die Insel der Frauen

Manannan, der Sohn des obersten Wassergottes, und sein Freund Bran beschlossen, Emhain, die Insel der Frauen, zu suchen. Sie soll mitten im Meer auf vier bronzenen Säulen stehen und von wunderschönen Frauen bewohnt sein. Unterwegs legten Bran und Manannan mit ihrem Schiff auch auf der »Insel der Wonnen« an, deren Bewohner ständig wie berauscht sind. Sie gestikulieren und schreien und brüllen vor Lachen. Einer von Brans Mannen stieg an Land und verfiel sogleich dem Zauber der Insel, so daß sie ohne ihn weiterreisen mußten, denn er konnte nicht mehr aufhören zu schreien und zu lachen. Als sie schließlich auf Emhain anlangten, übertraf die Insel noch all ihre Erwartungen, und sie wurden fürstlich behandelt. Nachdem sie ein Jahr lang herrlich und in Freuden gelebt hatten, verspürten sie schließlich doch Heimweh nach Irland. Die Frauen ließen sie auch ziehen, allerdings mit der ernsten Warnung, ja nie den Fuß auf festes Land zu setzen. Mit dem Versprechen, diese Warnung zu beherzigen, stachen sie in See. Als sie die irische Küste erreicht hatten, rief Bran vom Schiff aus einige Fischer zu sich heran, um ihnen zu sagen, wer er sei. Aber niemand kannte ihn. Man erinnerte sich aus alten Legenden noch an einen Bran, der ausgezogen war, das Land der Frauen zu suchen. Einer von Brans Männern mochte dies alles nicht glauben und ging an Land, wo er sogleich zu Staub zerfiel. Bran aber erzählte den Fischern noch von seinen Abenteuern, ehe er sein Boot wendete und wieder aufs Meer hinaussegelte – niemand weiß, wohin.

Oisin

Oisin war einer der wenigen Sterblichen, die nach Tir Nan Og, der Insel der Jugend, eingeladen wurden. Er war der Sohn Finns, des Anführers der legendären Fenier, die berühmte Krieger waren. Ihm erschien eines Tages auf der Jagd eine wunderschöne Frau, Niamh vom goldenen Haar, und sie wählte ihn aus der Schar seiner Begleiter zu ihrem Liebhaber. Sie ritt eine herrliche Zauberstute und gebot ihm, mit aufzusitzen, was er auch tat. Zuerst ritten sie weit über das Land und dann über die Kämme der Wellen bis nach Tir Nan Og, »dem schönsten Land unter der Sonne«. Unterwegs stiegen zwischen den Wellen die prächtigsten Schlösser und Burgen auf. In einer dieser Burgen wurde eine Hofdame der »Tuatha de Danann« von Fomor, einem Dämonen der Tiefsee, gefangengehalten. Mit ihm kämpfte Oisin und befreite sie.
Oisin blieb 300 Jahre im »Land der Jugend« bei seiner Geliebten, bis ihm die Fenier wieder einfielen und er Heimweh fühlte. Er bat, seinen Stamm besuchen zu dürfen, und die Bitte wurde ihm gewährt. Niamh rüstete ihn für seine weite Reise sorgfältig aus und gab ihm obendrein ihre beste Zauberstute. Nur ein Versprechen mußte er ihr geben: nie den Fuß auf irdischen Boden zu setzen. Er gelobte feierlich, sich in acht zu nehmen, und ritt davon. Schon bald hatte er Irland erreicht, fand es aber ganz verändert. Finn und die Fenier waren nicht mehr; sie waren Legende geworden. Die Schlacht von Gabrah war längst geschlagen, und der heilige Patrick hatte das Land zum Christentum bekehrt. Auch schienen Oisin die Menschen kleiner und schmächtiger, als er sie in Erinnerung hatte, nicht so hünenhaft wie früher. Gerade sah er, wie drei Männer sich vergeblich mühten, einen Stein aufzuheben, und er wollte ihnen behilflich sein. Als er sich jedoch vom Pferd bückte, riß der Sattelgurt, und er fiel zu Boden. Sogleich war das Zauberpferd verschwunden und Oisin in einen blinden alten Mann verwandelt.

So fand ihn der heilige Patrick und nahm ihn zu sich in sein Haus. Dort mühte er sich vergeblich, Oisin zum christlichen Glauben zu bekehren. In glühenden Worten schilderte er ihm die Wonnen des Himmels, die auf ihn warteten, wenn er nur bereuen wollte. Oisin aber konnte sich einen Himmel, der die Fenier verschmähte, und einen Gott, der nicht stolz darauf war, Finn zu seinen Freunden zu zählen, nicht vorstellen. Was sollte ihm ein ewiges Leben ohne Jagd und schöne Frauen? Lieber wollte er zur Hölle fahren, dahin, wo nach den Worten St. Patricks seine Kameraden Qualen litten, und sterben, so wie er gelebt hatte.

O'Donoghue

Am Grunde des Sees von Killarney liegt das Reich O'Donoghues, der einmal über das Land um den See herrschte. O'Donoghue schritt eines Tages vor den Augen seines versammelten Hofstaates über das Wasser bis zur Mitte des Sees, wo er langsam in die Tiefe sank. Unten im See lebt er der Sage nach in einem glänzenden Palast, und alle Jahre, am Morgen des 1. Mai, taucht er aus dem Wasser auf, um seine alten Ländereien zu besuchen.
Zum letzten Male wurde er vor einigen Jahren gesehen, und sein Auftauchen wird in *»Fairy Legends and Traditions of the South of Ireland«* von T. Crofton Croker beschrieben:

»Der Gipfel des Glenaa leuchtete im ersten Morgenlicht, als das Wasser am Ostufer des Sees plötzlich zu schäumen und zu brodeln begann, obwohl die übrige Fläche glatt und blank blieb wie polierter Marmor. Eine steile Welle erhob sich und lief wie ein wildes Streitroß voll ungebändigter Kraft schäumend über den See. Hinter ihr tauchte ein stattlicher Krieger in voller Rüstung auf einer schneeweißen Stute aus dem Wasser. Auf seinem Helm wogte ein weißer Federbusch, und von seinem Rücken wehte ein hellblaues Tuch. Das Roß sprang mit seiner edlen Last übermütig hinter der Welle her, über das Wasser, von dem es wie von festem Boden getragen wurde, und Gischt von seinen Hufen sprühte wie Funken in der Morgensonne. Der Krieger war niemand anderes als O'Donoghue, dem eine Schar junger Leute folgte, die mit ihm über das Wasser ritten. Sie hielten Girlanden aus Frühlingsblumen in den Händen, und von irgendwo tönte überirdisch schöne Musik. Kurz vor dem westlichen Ufer wendete O'Donoghue sein Roß und sprengte, gefolgt von seinem Troß, auf das bewaldete Ufer des Glenaa zu. Langsam verschwanden die Gestalten in den Nebeln, die über dem Wasser aufstiegen; die verzauberte Musik wurde leiser und leiser und erstarb schließlich.«
Die Zuschauer erwachten wie aus einem Traum.

Viele Seen
sind von
Nymphen
bewohnt.
Die „Seefrau"
aber täuscht
eine glatte
Wasserfläche
nur vor,
um ihren
Palast zu
verbergen.

In einem der vielen Seen in Wales soll sich eine versunkene Stadt befinden, die von den Gwragedd Annwn (gesprochen Guraget Anun) bewohnt ist. Man hat Türme und Befestigungen unter der Wasseroberfläche gesehen und Glocken läuten gehört.

Der Bauer und die Wassernymphe

Die Gwragedd sind Wassernymphen in Wales, die sich gelegentlich einen Sterblichen zum Mann wählen. Davon erzählt die folgende Legende:
Ein junger Bauer weidete sein Vieh nahe einem kleinen See bei den Schwarzbergen. Da sah er eines Tages eine wunderschöne Mädchengestalt in einem goldenen Boot auf dem Wasser. Er verliebte sich sogleich in sie und bot ihr etwas von dem Brot an, das er als Mittagsmahlzeit bei sich hatte. Ihr aber war das Brot zu hart, und sie verschwand in der Tiefe, ehe er noch weiter mit ihr sprechen konnte. Am anderen Tag brachte er ihr etwas ungebackenen Brotteig, den ihm seine Mutter mitgegeben hatte, aber sie wies auch den Teig zurück und verschwand wieder. Am dritten Tag gab ihm die Mutter leicht gebackenes Brot, und dieses war endlich recht. Bald darauf tauchte ein alter Mann aus dem See, inmitten zweier Mädchen, die der Gestalt im goldenen Boot aufs Haar glichen. Der Mann bot dem Bauern eines der Mädchen zur Frau, wenn er die bezeichnen könne, die er liebe. Schon wollte der junge Mann verzweifeln, als eine den Fuß ein wenig vorschob, und er ihren Pantoffel erkannte.
Die Nymphe erhielt eine gute Mitgift, und das Paar lebte glücklich und in Freuden. Bei der Hochzeit war jedoch ein Spruch über die beiden verhängt worden, nach dem der Mann seine schöne junge Frau verlieren würde, wenn er dreimal ohne Grund die Hand gegen sie erhöbe. Nun hatte die Gwragedd Annwn einige Angewohnheiten, die einem Menschen in der Tat merkwürdig vorkommen mußten. So weinte sie zum Beispiel bei Hochzeiten oder lachte und sang bei einem Kinderbegräbnis. So geschah es, daß ihr Ehegatte sie dreimal freundschaftlich ermahnte und ihr eher einen sanften Klaps als einen Schlag gab. Das aber genügte, sie für immer von ihm zu trennen. Sie vergaß jedoch ihre Söhne nicht, sondern lehrte sie manches Geheimnis der Heilkunst, so daß sie berühmte Ärzte wurden.

Die Tür im Felsen

In früheren Zeiten erschien in einem Felsen an einem Seeufer in Wales am Neujahrsmorgen eine Tür, und wer den Mut hatte, sie zu öffnen, gelangte durch einen Geheimgang auf eine kleine Insel in der Mitte des Sees. Hier befand sich ein herrlicher grüner Garten, in dem die Gwragedd Annwn ihre Gäste bewirteten. Sie drängten ihnen die schönsten Blumen und Früchte auf und unterhielten sie mit Musik. Auch manches wunderbare Geheimnis verrieten sie ihnen, und jeder Gast durfte bleiben, solange er wollte. Nur eines war streng untersagt: irgend etwas von der Insel mitzunehmen, denn sie sollte ein Geheimnis bleiben. Nun geschah es, daß ein Besucher eine Blume einsteckte, die man ihm geschenkt hatte, in der Meinung, sie werde ihm Glück bringen. Aber das Gegenteil war der Fall: Kaum hatte er »gewöhnlichen« Boden betreten, als er in Ohnmacht fiel. Die übrigen Gäste wurden so höflich wie immer verabschiedet, aber seit jenem Tage blieb die Tür zu dem herrlichen Garten fest verschlossen.

Tuatha de Danann

Nachdem sie von den Milesiern besiegt worden waren, richteten sich diejenigen Tuatha de Danann, die beschlossen hatten, in Irland zu bleiben, unter hohlen Hügeln ein und wurden zu den „Davine Sidhe" (gesprochen „Tiena Schie"). Die Tuatha de Danann waren ursprünglich Riesengestalten, aber mit zunehmender Verbreitung des Christentums verloren sie an Einfluß und damit auch an Körpergröße.
Der Bedeutendste unter den „Davine Sidhe" (Tiena Schie) ist heute Finvarra, der König der Geister Irlands. Noch immer hält er Hof in seinem Palast unter dem verzauberten Hügel Knockma.

Die „Davine Sidhe" lieben den Kampf und
sind hervorragende Schachspieler. So
mancher Sterbliche verlor gegen
Finvarra sein Hab und Gut.

Frauenraub ist ein anderer, sehr beliebter Zeitvertreib Finvarras. Obwohl seine Frau Donagh die Schönste dieser und auch jener Welt ist, entführt er häufig sterbliche Frauen. Eine war Ethna, deren Ehemann sich nicht geschlagen gab und sie schließlich zurückgewann. Er hatte gedroht, Finvarras Hügel aufzugraben und das Innere dem Licht der Sonne auszusetzen.

HURLING, eine Art Hockey, ist bei den Davine Sidhe genauso beliebt wie bei den Iren. Weithin bekannt ist die Geschichte von dem Spiel zwischen den Geistern von Munster und denen von Connaught, an dem auch zwei Menschen teilnahmen. (aus irgendwelchen unerfindlichen Gründen halten es die Davine Sidhe für gut, bei Kampf und Spiel einen Menschen dabei zu haben.

In dem Fall, von dem hier die Rede ist, artete das Spiel jedoch in einem Kampf aus, in dem Connaught schnell die Oberhand gewann. Die Geister von Munster, die als Gastgeber fungiert hatten, verwandelten sich daraufhin in geflügelte Käfer und fraßen das Land rundum kahl, bis plötzlich aus einem Loch im Boden Tausende von Tauben aufstiegen und die schmarotzenden Insekten fraßen.

Verhaltensweisen der Geister

Das Temperament von Geisterwesen ist schwer zu ergründen, und ihr Sittenkodex ist von dem unseren grundverschieden. Die meisten, gleich welchen Alters, Aussehens oder Charakters, verfügen über irgendwelche besonderen Kräfte, mit denen sie nach Lust und Laune Gutes oder Böses anrichten. Je mehr wir über sie wissen, desto größer ist die Wahrscheinlichkeit, ein Zusammentreffen mit ihnen unbeschadet zu überstehen. Bedachtsamkeit und größte Vorsicht sind in allen Geisterhändeln von allerhöchster Bedeutung. Nur zu leicht fühlt sich ein Geist verletzt, und wehe dem, der es wagt, sich Freiheiten herauszunehmen ...

Der Hang der Geister zu Bosheit und Schabernack (zuweilen können sie regelrecht gefährlich werden) hat dazu geführt, daß man nur beschönigende und verniedlichende Namen für sie verwendet, wie etwa »das kleine Völkchen«, »das gute Völkchen«, »unsere kleinen Nachbarn« usw., wenn von ihnen die Rede ist, um sie günstig zu stimmen. Die Verhaltensmuster der diversen Fabelwesen variieren beträchtlich; es gibt solche, denen die Bosheit unleugbar angeboren ist, und kein noch so korrektes, freundliches oder entgegenkommendes Verhalten ihnen gegenüber wird sie milde stimmen. Es ist in der Tat direkt gefährlich, sich diesen Wesen zu nähern. Besonders bösartig sind einige weibliche Zauberwesen. Ihr schönes Äußeres macht sie noch gefährlicher und hat schon manchem Mann ein vorzeitiges und unrühmliches Ende bereitet. Während Geister großenteils von der Welt der Menschen abhängen und manche, wie die Heinzelmännchen, sich direkt dem menschlichen Haushalt anschließen (Haus- und Kellergeister können auch als dem Haushalt zugehörig bezeichnet werden – ihre Motive sind jedoch andere ...), ist doch der Weg zu einer Freundschaft mit ihnen mit Gefahren gepflastert und sollte nur mit äußerster Vorsicht beschritten werden. So manches hilfsbereite Heinzelmännchen verwandelte sich in einen tückischen Plagegeist, weil es sich beleidigt oder auch nur geneckt fühlte, und fürchterlich ist die Rache eines verärgerten Geistes!

Hexenschuß
und
Elfenschlag

Seit undenklichen Zeiten war das Verhältnis des Menschen zu den Geistern zwiespältig – Beziehungen zu ihnen können nützliche, aber geradesogut auch schädliche Folgen haben.
In früheren Tagen glaubte man, der unerklärliche Tod eines Menschen oder eines Tieres sei das Werk von Hexen. Man sprach vom »Hexenschuß« und war der Meinung, daß diese hierzu Pfeilspitzen aus Feuerstein gebrauchten, wie sie der Mensch der Steinzeit verwendete. War keine Einschußstelle zu finden, ging man davon aus, daß der Pfeil eine Lähmung verursachte. Die Lähmung ermöglichte dem Geistervolk, das Opfer davonzuschleppen und an seine Stelle einen Ersatz zu legen, der dann kränkelte und starb. Der »Schlag« im Sinne von Paralyse ist ein noch heute gebräuchliches Wort, nur denkt niemand mehr daran, daß es sich von »Elfenschlag« ableitet.
Allerlei Krankheiten und Beschwerden wie Rheumatismus, Krämpfe und Beulen wurden ebenfalls dem Geistervolk zugeschrieben. Als Ursache kamen Kniffe durch Geister in Frage, die sich auf diese Weise für erlittene Unbill rächten. Auch Schwindsucht wurde auf allnächtliche Aufenthalte bei den Geistern zurückgeführt, die das Opfer am Morgen geschwächt und erschöpft zurückließen. Bei Kinderlähmung handelte es sich selbstverständlich in Wirklichkeit um einen Wechselbalg, und sämtliche Verkrüppelungen, lahme Glieder und Buckel waren nach landläufiger Meinung Zauberwerk. So heißt es in diesem Zusammenhang in Shakespeares Drama *»Richard III.«:*

> »Du Mißgeburt voll Mäler! wühlend Schwein!
> Du, der gestempelt ward bei der Geburt,
> Der Sklave der Natur, der Hölle Sohn!«

Ein anderes wohlbekanntes und durch Geister verursachtes Übel ist das Verschwinden von Gegenständen. Außerdem gibt es einen Geist, der unsichtbar neben dem Esser bei Tisch sitzt und die Quintessenz, das heißt das Mark dessen, was der Mensch zu sich nimmt, stibitzt, so daß der Unglückliche trotz seines enormen Appetits zeit seines Lebens dürr wie eine Bohnenstange bleibt. Die Iren nennen ihn »AlpLuachra«. In dem Buch »Das geheime Reich« von Robert Kirk heißt er »Just-Halver«, was soviel wie »Mit-Esser« bedeutet.

Nachdem wir so eine genauere Kenntnis der Ursachen vieler menschlicher Gebrechen gewonnen haben, soll auch die Wirkung der Zauberwesen auf das Pflanzenreich nicht unerwähnt bleiben. Sie ist ohne Zweifel dafür verantwortlich, daß zuweilen ganze Ernten verlorengehen. Möglicherweise handelt es sich hier um eine Art von Strafe für menschliche Übergriffe. Die vielen kleinen Ärgernisse des Alltags werden selbstverständlich durch diverse Plagegeister verursacht. Bei verfilztem Menschenhaar und undurchdringlich verwirrten Pferdemähnen spricht man zutreffend auch von »Elfenknoten«. Die Königin Mab zum Beispiel »flicht nachts die Mähnen der Pferde und flicht Elfenknoten hinein, die für den, der sie löst, nichts Gutes bedeuten ...«

Schutz vor Geistern

Auf dem Lande nehmen sich die Leute besonders in acht und fanden allerlei Mittel, um sich vor den unliebsamen Gesellen zu schützen. Wer sich des Nachts draußen bewegt, ist besonders gefährdet; er kann sich jedoch der folgenden wirksamen Abwehrmittel bedienen:

Kleider mit der Innenseite nach außen tragen (wirft man einen umgekrempelten Handschuh in einen Geisterring, wird das die Tänzer sogleich verscheuchen.)

Glocken und Schellen

Eisen – zum Beispiel ein Messer in einem Durchgang. Ein Nagel in der Tasche. Eine geöffnete Schere über der Babywiege. Die Bibel. Laufendes Wasser. Brot. Ein Kreuz oder ein Kruzifix (Ein Kreuz auf dem Kuchen verhindert, das Elfen darauf herumtanzen.) Salz. Gebete. Vogelbeeren und roter Faden. (Bei den Schotten befestigt man gegen Hexen ein rotes Band über der Haustür oder an den Schwänzen der Kühe.)

Grabhügel auf alten Friedhöfen.
Steine mit einem Loch (Schutz für Pferde)
Hufeisen (Mondsymbol kombiniert mit Eisen!)
Flasche auf dem Boden
Schuhe, so vor das Bett, das die Spitzen vom Bett fort weisen.
Einen Socken unter dem Bett.
Ein Messer unter dem Kopfkissen.
Ein Zweig von einem Reisigbesen.
Ein auf den Fußboden gezeichneter Schweinskopf oder ein Pentagramm
Verbrennen von Dornen auf einem Geisterhügel (hierdurch können gefangene Kinder befreit werden). Johanniskraut

Und hier ein angelsächsisches Rezept für einen Trank gegen Kobolde: Man mische etwas zerriebene Myrrhe mit Wein und füge zu gleichen Teilen weißen Weihrauch hinzu. Sodann schabe man ein wenig von einem Achat herunter und gebe es in den Wein. Man nehme den Trank nach einer durchfasteten Nacht oder nach drei bzw. neun oder zwölf Morgen.

Zu den Fruchtbarkeitsriten des 1. Mai trug man in alter Zeit Gänseblümchen als Sonnensymbol zur Abwehr von bösen Geistern, die um diese Zeit besonders aktiv sind. Zu den Schutzmaßnahmen gehörte auch das Befestigen von Schellen an den Beinen der Tänzer, ein Brauch, der sich glücklicherweise bis in unsere Tage erhalten hat.

Fluch dem Knauser

Das Verhalten der Geister dem Menschen gegenüber ist merkwürdig moralistisch gefärbt. Sie erwarten von ihm ganz bestimmte Verhaltensweisen und stellen hohe Ansprüche an die Ordnungsliebe der Familien, die sie heimsuchen, wobei sie sich aber gleichzeitig streng verbitten, daß man ihnen bei ihren Besuchen nachspioniert. Sie lieben heitere, großzügige Menschen, und Liebende genießen ihre ganz besondere Sympathie. Sie mögen es auch, wenn man am Abend etwas Speise und Wein für sie zurückläßt, obwohl sie sehr mäßige Trinker und Esser sind.
Die irischen Sidhe (Schie) haben eine leidenschaftliche Vorliebe für Schönheit und Luxus und eine abgrundtiefe Verachtung gegenüber Sparsamkeit und Geiz. Wie Lady Wilde in ihren *»Ancient Legends of Ireland«* bemerkt, verabscheuen sie den »knickerigen Knauser, der das letzte Körnchen aufliest, auch den letzten Tropfen Milch nicht verschenkt und den Obstbaum völlig kahlpflückt, so daß die wandernden Seelen im Mondlicht keine Speise finden«. Wer faul oder unehrlich ist, wird mit Kniffen, Krämpfen, Lahmheit oder Schlimmerem bestraft. Die Küchenmagd, die abends vergißt, den Herd auszukehren und frisches Wasser aufzusetzen, damit die Heinzelmännchen baden können, tut das auf eigene Gefahr. Richtet sie aber alles schön her, kann es vorkommen, daß sie am Morgen ein kleines Geldgeschenk in ihrem Schuh findet, wenn sie erwacht, und viel Segen ...

Es soll vorgekommen sein, daß ein Kobold sehr traurig oder sehr zornig war. Im allgemeinen sind sie aber eher zu Schabernack aufgelegt und die größten Streichespieler, die man sich denken kann. Selbst die gütigste Fee hat noch Spaß an Schabernack. Bei Geisterwesen wie dem Hedley Kau ist dieser Hang zu Späßchen besonders ausgeprägt.

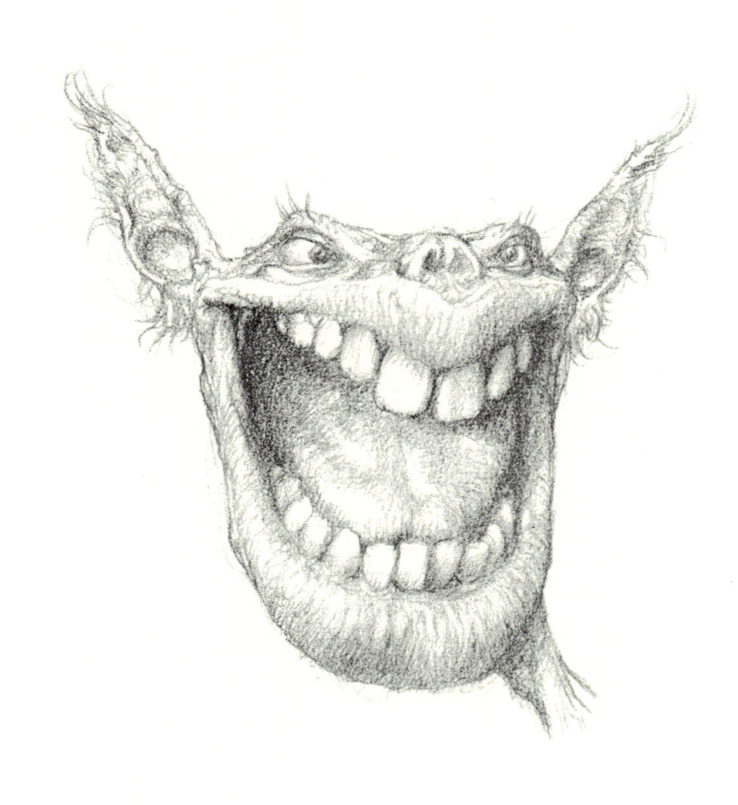

Der Hedley Kau

Der Hedley Kau war ein Schreckgespenst von relativ harmloser Boshaftigkeit und beileibe nicht bösartig. Er pflegte das Dorf Hedley bei Ebchester heimzusuchen. Seine Erscheinung war nie sehr furchterregend, und er beschloß seine Streiche gern mit einem großen Gelächter. So erschien er zum Beispiel einer alten Frau beim Holzsammeln als Strohbündel, von dem er sicher war, daß sie es aufnehmen würde. Kaum trug sie aber das Bündel auf dem Rücken, wurde es schwerer und schwerer, so daß sie es schließlich absetzen mußte. Da wurden die Strohhalme lebendig, richteten sich auf und wackelten vor ihr her, immer schneller, bis sie schließlich mit einem großen Gelächter ihren Augen entschwanden. Auch William Henderson berichtet in seinen *»Anmerkungen über das Brauchtum in den nördlichen Grafschaften Englands und den angrenzenden Gebieten«* (1879), wieviel Spaß der Kau daran hatte, das Familienleben braver Bauern zu stören: »Ständig imitierte er die Stimmen der Liebhaber von Dienstmägden, warf volle Suppentöpfe um, gab den Katzen die Sahne, räufelte das Strickzeug auf oder brachte das Spinnrad in Unordnung.« Zu den Streichen, die bei Kobolden sehr beliebt sind, gehört auch das In-die-Irre-Führen von Wanderern oder das Erschrecken von Leuten.

Die Geschichte vom armen Bill Doody

Zuverlässigkeit und Freundlichkeit des Menschen werden in der Regel mit Glück und auch mit praktischen Gaben vergolten, und Geister können sehr großzügig sein ... So erzählt man zum Beispiel die Geschichte von dem armen Bill Doody, der am See von Killarney saß und über sein unlösbares Mietproblem nachgrübelte. »Der Anblick dieses Sees, wie er in der Sonne glänzte, im Schmucke seiner Inseln, auf denen Fels mit Grün wechselte, konnte das Menschenherz allen Kummer vergessen lassen ...«, heißt es bei W. B. Yeats. Aus diesem See kam auch für Bill Doody die Rettung. Ein hochgewachsener feiner Herr erschien und fragte ihn nach der Ursache seines Kummers. Als er den Grund erfuhr, schüttete er einen Beutel voller Gold in den Hut, den Bill vor Zorn und Verzweiflung auf den Boden geschleudert hatte. Noch ehe Doody ihm danken konnte, war er verschwunden.
Am folgenden Tag ging Bill stolz zu seinem hartherzigen Mietherrn, zahlte, was er schuldig war, und vergaß auch nicht, sich eine Quittung über das Gold geben zu lassen. Als der Wucherer kurz darauf an seinen Schreibtisch zurückkehrte, stand er wie versteinert: statt des Goldes, das er dort hingelegt hatte, fand er ein Häufchen Lebkuchen. Er fluchte und schimpfte, aber es half nichts. Das Gold war zu Lebkuchenoblaten geworden, die alle, wie richtige Guineen, das Bildnis der Königin trugen, und Bill hatte die Quittung in der Tasche! Yeats erzählt weiter, daß Bill Doody ein reicher Mann wurde, dem alles gelang, was er anpackte, und der oft dankbar des Tages gedachte, an dem O'Donoghue ihm erschienen war, der Fürst, der im See herrscht.

Es ist nicht alles Gold, was glänzt

Trotzdem soll der, der die Hilfe der Geister erfährt, anderen nicht davon erzählen, denn die Etikette der Geisterwelt verlangt Stillschweigen. Merkwürdigerweise ist es im Umgang mit Geistern nicht nur schlechte Sitte, von erhaltener Hilfe zu sprechen, sondern auch, sich dafür zu bedanken. Sollte ein Mensch in der irrigen Annahme, sein Dank sei willkommen, etwa einem müden und abgearbeiteten Wichtel oder Heinzelmännchen neue Kleider hinlegen, wird er keinen Dank ernten. Der kleine Helfer wird fast immer verärgert sein und auf Nimmerwiedersehen verschwinden.
Merkwürdig ist die Geisternatur auch in dem, was das Borgen anbelangt. Sollte sich ein Mensch von den »guten Nachbarn« etwas borgen, soll er ja nicht mehr zurückgeben, als er geliehen hat, das wäre eine große Beleidigung! Das »kleine Völkchen« seinerseits aber gibt großzügig zurück, wenn ihm zum Beispiel mit Korn geholfen wurde, nur daß es stets Gerste statt Hafer gibt.

Es kommt oft vor, daß Geistergaben und Belohnungen Phantasieprodukte sind, die nur zu bald wieder ihre ursprüngliche Form annehmen.

Merkwürdig sind auch die moralischen Regeln, denen das Leben des Geistervolkes untereinander unterworfen ist. Für die Bewohner der verschiedenen Geisterregionen gilt jeweils ein regelrechter Sittenkodex (man erzählt von dem unglücklichen kleinen Trolljungen, der einem anderen Troll einen Silberlöffel stahl und der deshalb für immer aus dem Reich der Trolle verbannt wurde). Ein Troll wird jedoch keinerlei Gewissensbisse dabei haben, den Menschen Lebensmittel, Geräte oder sogar Vieh zu stehlen. Manchmal bedienen sie sich dazu auch ihrer Gabe, sich unsichtbar zu machen. So geschehen bei dem Wichtelmännchen, das zwischen zwei hungrigen Küchenmägden saß und den Löwenanteil des gestohlenen Essens zu sich nahm, das die beiden sich gerade teilten.
Beunruhigend hierbei ist, daß die Dieberei auch nicht vor Menschenkindern haltmacht. Besonders Babys stehen hoch im Kurs, da sie zur Blutauffrischung für eine schwindende Rasse dienen. Goldblonde Babys sind besonders begehrt; ihre sterblichen Mütter sollten daher nichts unterlassen, was ihren Nachwuchs schützen könnte, bis er getauft ist. Auch menschliche Hebammen werden oft fortgehext, um im Zauberreich einen Säugling zu betreuen.

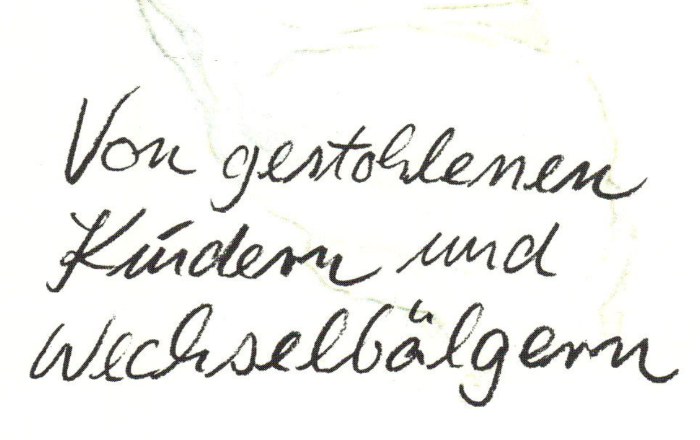

Von gestohlenen Kindern und Wechselbälgern

Die Abhängigkeit vom Menschen spielt bei einigen Geisterstämmen eine wesentliche Rolle. So muß zum Beispiel alle sieben Jahre der zehnte Teil an die Hölle entrichtet werden, wozu in der Regel gefangene Menschen verwendet werden. Die gebräuchlichste Form des Menschendiebstahls ist die, ein Neugeborenes aus der Wiege zu rauben und statt dessen einen Wechselbalg hineinzulegen. Dieser kann ein häßlicher alter Gnom sein oder auch die Nachbildung eines Säuglings aus Holz, die der behexten Menschenmutter als ihr eigenes Kind erscheint. Dieses scheint dann zu sterben und wird begraben, während das wirkliche Kind im Zauberland aufwächst, um einem degenerierenden Volk frisches neues Blut zuzuführen. Schließlich wird es dann in vielen Fällen in Form des Zehnten an den Teufel abgeführt.

Sollte die künstliche Nachbildung des Menschensäuglings nicht sterben, wird sie zu einem verschrumpelten Krüppel heranwachsen, ewig kränkeln, bösartig oder von unmäßiger Freßsucht geplagt sein. Um die wahre Natur eines Wechselbalgs zu ergründen, gibt es verschiedene Mittel. Eines besteht darin, ihn auf eine rotglühende Schaufel zu setzen oder ins Feuer zu werfen. Er wird dann zum Schornstein hinausfahren. Eine weniger brutale und gebräuchlichere Methode ist die, so zu tun, als koche man Wasser in leeren Eierschalen. Sobald der Wechselbalg dies sieht, wird er sich aufrichten und mit merkwürdig alter Stimme sagen: »Ich sah das Ei noch vor der Henne. Ich sah die Eichel vor der Eiche. Aber ich habe noch nie jemanden Wasser in Eierschalen kochen sehen.« Womit er sein wahres Alter verrät. Man kann ihn sodann ins Feuer werfen, aus dem er lachend und schreiend durch den Schornstein entweichen wird. Möglicherweise liegt dann das echte, wirkliche Baby auf der Türschwelle.

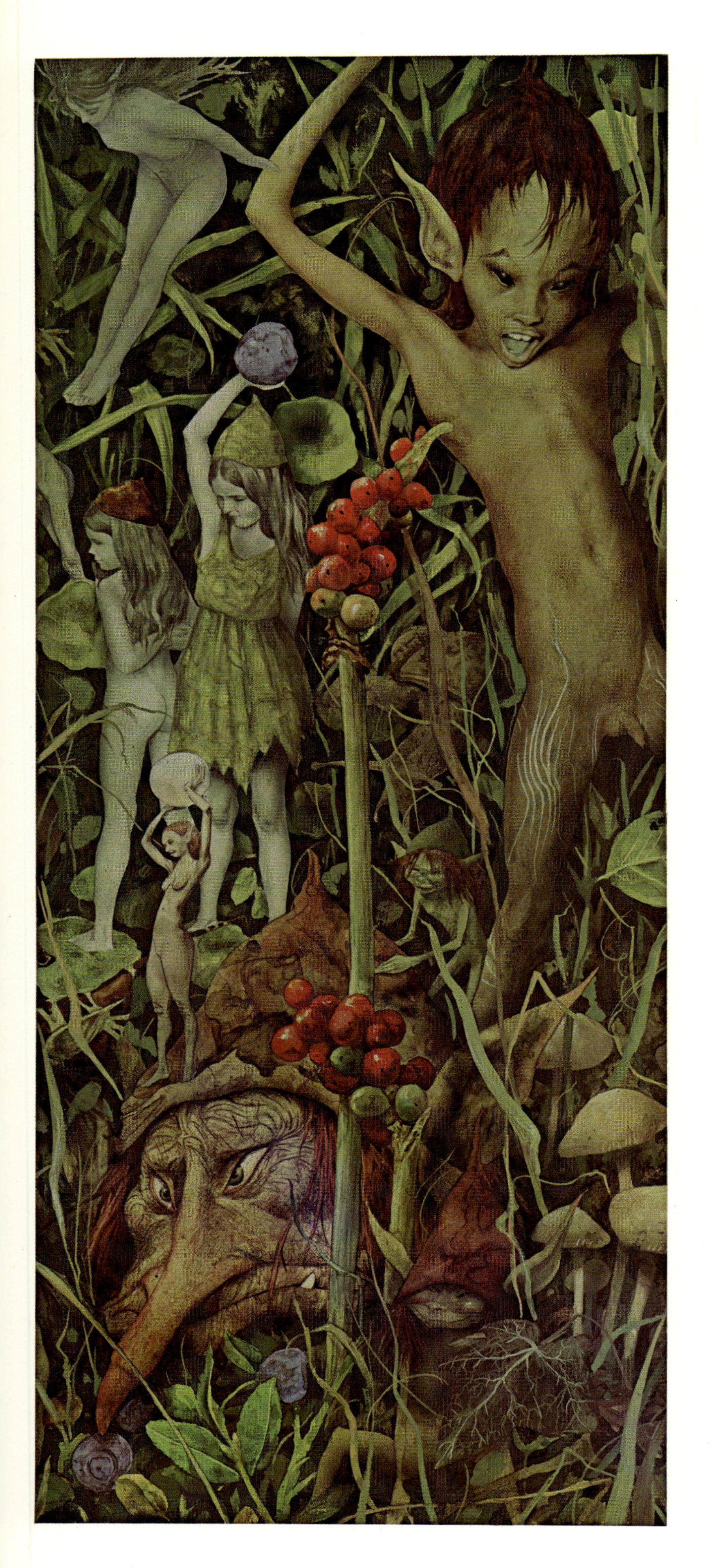

Die grünen Kinder

Es ist zuweilen auch vorgekommen, daß ein Angehöriger des Geistervölkchens von Menschen geraubt wurde. Leider handelte es sich in solchen Fällen meist um besonders schwache und empfindliche Exemplare, die in der Gefangenschaft durchwegs dahinsiechten und starben, wenn ein Entkommen unmöglich war. Das bekannteste Beispiel für einen solchen Fall ist die Geschichte von den grünen Kindern, nachzulesen in Thomas Knightleys *»Mythologie der Geister«*. Sie ereignete sich in Suffolk:

Bewohner dieser Gegend fanden am Eingang zu einer Höhle einen Jungen und ein Mädchen, die wie Menschen gestaltet waren, sich von diesen aber in ihrer Hautfarbe unterschieden, denn sie waren grün von Kopf bis Fuß. Niemand konnte ihre Sprache verstehen. Sie weinten bitterlich, als man sie fing und als Sehenswürdigkeit in die Burg eines gewissen Ritters, Sir Richard de Calne, nach Wikes brachte. Man setzte ihnen Brot und andere Speise vor, aber sie wollten nichts davon anrühren, obwohl der Hunger sie plagte, wie das Mädchen später eingestand. Erst als jemand frisch geschnittene Bohnen noch an den Stengeln hereintrug, gaben sie gierig Zeichen, daß man sie ihnen bringen sollte. Sie öffneten jedoch die Stengel anstelle der Schoten und brachen erneut in Tränen aus, als sie darin keine Bohnen fanden. Anwesende kamen ihnen zu Hilfe, indem sie die Schoten öffneten und ihnen die nackten Bohnen zeigten. Davon aßen die Kinder mit großer Gier und verlangten lange Zeit keine andere Speise. Der Junge jedoch blieb bedrückt und traurig und starb binnen kurzer Zeit. Das Mädchen dagegen erfreute sich guter Gesundheit, gewöhnte sich nach und nach an verschiedene Menschenspeisen und verlor auch allmählich die grüne Hautfärbung, so daß es schließlich den Menschen vollkommen glich. Abgeschlossen wurde die Verwandlung durch das Sakrament der Heiligen Taufe, und das Mädchen lebte lange Jahre im Dienste dieses Ritters (wie ich oft von ihm und seiner Familie hörte); jedoch zeichnete es sich durch ein wollüstiges und lasterhaftes Wesen aus.

Auf häufige Fragen nach ihren Artgenossen erklärte sie, daß diese alle grün seien und unterirdisch lebten. Sie sahen nie die Sonne, sondern lebten in einem Dämmerlicht, wie es oben auf der Erde nach Sonnenuntergang herrscht. Auf die Frage, wie sie mit dem oben erwähnten Jungen an die Oberfläche geraten sei, antwortete sie, daß sie zu jenem Zeitpunkt ihre Herde gehütet hätten. Sie waren der Herde gefolgt und in eine bestimmte Höhle geraten, in der sie wunderbares Glockengeläut vernahmen. Gebannt gingen sie den Tönen nach und gelangten so schließlich an den Ausgang der Höhle. Als sie hinaustraten, traf sie das Sonnenlicht wie ein Schlag und blendete sie so, daß sie ohnmächtig zu Boden sanken, wo sie lange Zeit lagen, bis das Geräusch der sich nähernden Menschen sie erschreckte. Sie versuchten zu fliehen, konnten den Eingang der Höhle aber nicht mehr schnell genug finden, ehe man sie fing.

Wege in die Zauberwelt

Das Geistervolk besitzt die Gabe, sich nach Belieben unsichtbar oder sichtbar zu machen, es hat sogar die Möglichkeit, gleichzeitig für eine Person sichtbar und für eine andere Person unsichtbar zu sein. Den Menschen wiederum ist es möglich, Zauberwesen ohne deren Wissen auszuspionieren. Normalerweise geschieht dies, wenn man sie bei der Arbeit oder irgendwelchen Lustbarkeiten überrascht. Es kann auch vorkommen, daß ein Mensch unversehens und ohne Absicht in eine Geisterrunde stolpert, oder das Gegenteil ist der Fall, das heißt, er bedient sich spezieller Mittel, um des Geistervolkes ansichtig zu werden.

Der richtige Zeitpunkt spielt in diesem Zusammenhang eine wichtige Rolle. Günstige Zeiten sind: der hohe Mittag, wenn die Sonne im Zenit steht; Mitternacht oder die Dämmerstunden um Sonnenauf- und Sonnenuntergang. Ihnen allen ist gemeinsam, daß sie den Übergang von Hell zu Dunkel oder umgekehrt bedeuten. Es sei noch vermerkt, daß die Dämmerung auch zur Erlösung behexter Menschen günstig sein kann.

Andere geeignete Zeitpunkte sind: der 1. Mai, an dem in alter Zeit der Beginn des Sommerhalbjahres gefeiert wurde; die Mittsommernacht und der Tag vor Allerheiligen (31. Oktober), der bei den alten Kelten der Tag des Jahreswechsels war. Auch auf Menschen bezogen kommt diesem Element des Übergangs besondere Bedeutung zu. Heranwachsende, und ganz besonders die jungen Mädchen vor der Pubertät, sehen weit eher einmal das kleine Völkchen als Erwachsene. Aus diesem Grunde sollen kluge Eltern aber auch am 1. Mai besondere Vorsichtsmaßnahmen treffen, das heißt sicherstellen, daß ihre Kinder Kleidung mit Schellen oder Gänseblumen zum Schutz gegen feindliche Geister tragen.

Ganz allgemein läßt sich sagen, daß Zauberwesen sich nur ungern dem menschlichen Auge zeigen, und wenn, dann nur für einen Augenblick. Der Betrachter tut also gut daran, starr zu blicken und nicht mit der Wimper zu zucken.

Irgendwo in Wales gibt es auch einen Quadratmeter Wiese, der einen Einblick in die Zauberwelt gestattet, wenn man unversehens darauf tritt. Die genaue Lage dieses Punktes ist jedoch nicht bekannt, da er nie zweimal gefunden wurde.

Das nackte Auge des Menschen kann »sehend« werden, wenn ein Sterblicher ein vierblättriges Kleeblatt bei sich trägt. Dies geschah zum Beispiel der Melkmagd, die sich Gras auf den Kopf tat, damit das Gewicht des vollen Eimers, den sie darauf trug, nicht so drücken sollte. Ohne es zu bemerken, hatte sie dabei auch ein vierblättriges Kleeblatt mit ausgerupft. Als sie sich umwandte, sah sie Dutzende von Kobolden ihre Kuh melken.

Durch Auftragen von Hexensalbe auf die Augenlider läßt sich ebenfalls der Zauber durchdringen, mit dem das Geistervolk seine wahre Gestalt verbirgt. (Es handelt sich um eine Salbe, die normalerweise zum Salben der Augen verhexter Babys von menschlichen Müttern bestimmt ist.)

Der Sterbliche, der es wagt, mit der verbotenen Salbe seinen Blick zu erweitern, riskiert den Zorn der Geister. Es sind Fälle bekanntgeworden, in denen Menschen aus diesem Grunde geblendet wurden. Hierzu gehört auch die – allerdings glimpflich verlaufene – Geschichte von dem Kindermädchen, das in den Dienst eines Witwers trat, um dessen kleinen Sohn zu betreuen. Sie ahnte nicht, daß es sich um keinen gewöhnlichen Sohn handelte. Aus Neugier probierte sie auch einmal die Babysalbe und erzählte später anderen, was sie gesehen hatte. Sie kam ausnahmsweise ungeschoren davon.

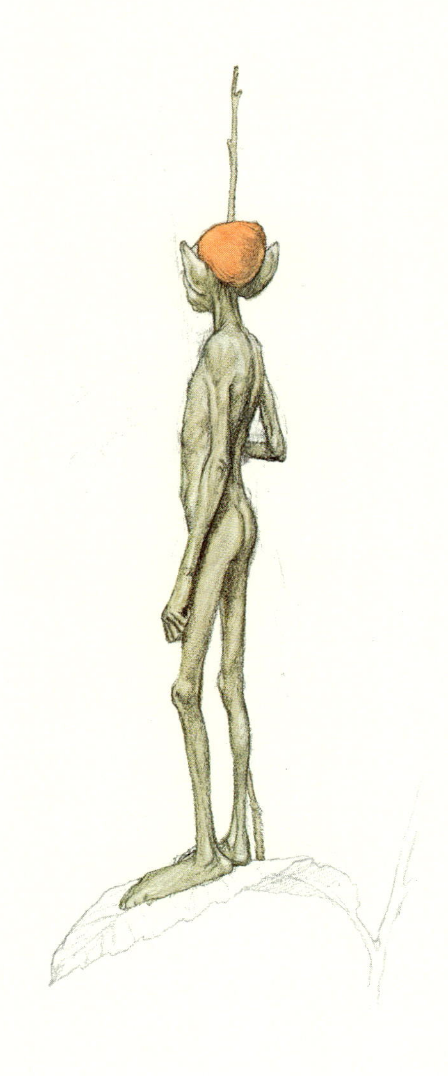

Eilian, eine Dienstmagd aus Garth Dowen, lief mit den Tylwyth Teg, Geistern aus Wales, davon und wurde nicht mehr gesehen, bis ihre ehemalige Herrin, eine Hebamme, zu einer Geburt gerufen wurde. Man führte die Frau in eine Höhle, die jedoch herrlich ausgestattet war und in deren einem Winkel die Gebärende auf einem prunkvollen Bett lag. Nach der Geburt des Kindes bat der Ehemann die Hebamme, die Augen des Neugeborenen zu salben, was sie auch tat. Ganz in Gedanken rieb sie sich ihr Auge, das juckte, und sah sich plötzlich in einer ärmlichen Höhle, in der überall Steine herumlagen. Auf einem Haufen Stroh und trockenem Farn lag die Wöchnerin. Sie war niemand anderes als Eilian, die verschwundene Dienstmagd. Nicht lange danach ging die Hebamme auf den Markt und traf dort den Ehemann wieder. Sie erkundigte sich nach Eilians Befinden. Es gehe ihr gut, antwortete der Mann und fragte dann, mit welchem Auge sie ihn sehe. Als er hörte, welches es war, stach er es ihr mit einem Schilfrohr aus.

Geister sind in der Regel gut getarnt.

Zauber und Blendwerk

Die Tarnung der Geister wird allgemein als »Zauber« und »Blendwerk« bezeichnet und dient oft dazu, Sterbliche in dem Irrglauben zu wiegen, sie hätten es mit ihresgleichen zu tun. »Zauber und Blendwerk«, heißt es im *»Lied des letzten Minnesängers«* von Walter Scott,

> »macht die Burgfrau zum Ritter,
> die Nußschale zur Barke,
> die Hütte zum Palast,
> macht Jugend zum Alter
> und Alter zu Jugend,
> alles ist Schein,
> und nichts ist wahr«.

Von Trugbildern und Astralleibern

In seinem Buch »*Secret Commonwealth, and Essay of the Nature and Actions of the Subterranean (and for the most part) Invisible People, heretofioir going under the name of Elves, Faunes and Fairies, or the lyke, among the Low-Country Scots as they are described by those who have the Second Sight*« (1691) spricht Robert Kirk von der Flüchtigkeit des Elfenwesens: »Sie sind ein Mittelding zwischen Mensch und Engel, mit wandelbarem Körper (Astralleib), von der Konsistenz einer Wolke und am ehesten im Dämmerlicht zu sehen. Ihre Körper können eine beliebige Gestalt annehmen und gehorchen völlig dem Willen, der sie beherrscht, so daß sie nach Belieben sichtbar oder unsichtbar werden.« Ein Geist bestimmt Größe und Form seiner Erscheinung selbst, was mit »Gestaltwandel« bezeichnet wird. Je nach Wunsch wächst er zu Riesengröße oder schrumpft zur Winzigkeit eines Staubkorns zusammen. Auch sein Aussehen kann er beliebig verändern und in jede Verkleidung schlüpfen, nach der ihn gelüstet. Die Bedeutung der Wandlungsfähigkeit kann nicht genug betont werden. Sie wirkt sich auf allen Ebenen des Geisterdaseins aus. Einige Zauberwesen rühmen sich sogar der Kunst, ihresgleichen verwandeln zu können – und auch Menschen –, dies als Warnung, mit größter Vorsicht und Wachsamkeit vorzugehen, soweit es das »kleine Völkchen« betrifft.

Die Kobolde in East Anglia verwandeln sich gern in Vögel.

Unter einem Stein fand man Yallery Brown. Er war ganz in seine langen goldenen Haare und seinen Bart eingesponnen

Das Geistervolk in Cornwall unterliegt einem Gesetz, wonach jede Veränderung seiner äußeren Gestalt eine Verkleinerung zur Folge hat. Die natürliche Größe der Geister nimmt allmählich ab, bis sie das Endstadium ihres Lebenszyklus erreichen und ihr Dasein als Ameisen beenden.

Über die Lebenserwartung der Elfenwesen ist wenig bekannt. Hin und wieder ist die Meinung zu hören, sie seien unsterblich. Andererseits hat man jedoch Beerdigungen gesehen, was darauf schließen läßt, daß auch Zauberwesen schließlich wie Menschen altern und sterben. Der weit verbreitete Glaube, daß jedesmal ein Mitglied der Geisterwelt tot umfällt, wenn ein Kind erklärt, es glaube nicht an sie, entbehrt jedoch jeglicher Grundlage. Zuverlässige Forschungsergebnisse lassen auf eine Lebensspanne von mehreren hundert Jahren schließen.

William Blake berichtet von einem Wichtelbegräbnis in seinem Garten, wobei der Leichnam auf einem Rosenblatt zu Grabe getragen wurde. An einer bestimmten Stelle wurde er dann mit gebührender Feierlichkeit und unter Klagegesängen beerdigt, worauf der Trauerzug verschwand.

Gillidu

Der zu den Waldschraten gehörende Gillidu lebt in Birkendickichten. Seine Kleidung besteht aus Moos und Blättern.

Manchmal sind Geister von Menschen nicht zu unterscheiden, ein andermal sehen sie aus wie Tiere, und zuweilen nimmt ihre Erscheinung ganz außergewöhnliche Formen an. Sie können – nach menschlichen Maßstäben – bezaubernd schön oder auch, und das genausooft, schrumpelig, haarig und häßlich sein. Der Mensch ist nicht imstande zu entscheiden, wieviel an einer solchen Erscheinung »Blendwerk« und wieviel Wirklichkeit ist. Zuweilen scheint auch schimmerndes Licht von einer Geistererscheinung auszugehen. So heißt es bei Alexander Pope: »Ihre fließenden Körper halb in Licht gelöst ...« Anderswo wieder war außer einem deutlichen Modergeruch von der Anwesenheit eines Geistes nichts zu merken.

Wie man Geister erkennt

Über das äußere Erscheinungsbild von Zauberwesen läßt sich keine allgemeingültige Aussage machen. Man weiß jedoch, daß sie, soweit sie nicht nackt sind, am liebsten grüne Mäntel und rote Kappen tragen, die manchmal noch mit einer weißen Eulenfeder geschmückt sind. Die Tylwyth Teg in Wales sind blond und kleiden sich in Weiß; die Silkies in Nordengland bevorzugen weiße Seide. Ländliche, alleinlebende Geister tragen zuweilen Kleidung aus dem Material, das am leichtesten verfügbar ist, wie zum Beispiel Moos und trockenes Laub. Giraldus Gambrensis schreibt über walisische Geister des 12. Jahrhunderts folgendes: »Diese Männchen waren winzig klein, aber sehr wohlgestaltet. Ihre Haut war hell und ihr Haar dicht und schön wie das einer Frau. Sie besaßen Pferde und Jagdhunde in passender Größe.«

Groß oder klein, grotesk oder schön – die meisten Spezies sind durch die eine oder andere Deformierung gekennzeichnet, die sie dem geübten Auge als »anders« erscheinen läßt. Zu solchen verräterischen Kennzeichen gehören Häute zwischen den Zehen oder, was noch häufiger anzutreffen ist, verkehrt herum angewachsene Füße, Ziegenhufe, nasenlose Nasenflügel, lange Hängebrüste und verkniffene Augen. Spitze Ohren und ein herabhängender Kuhschwanz sind immer ein Zeichen, daß Geister im Verzug sind.

Geheime Kenntnisse des „kleinen Volkes"

Geister spinnen, weben, bauen, buttern und backen, wenn sie nicht gerade mit irgendeinem vergnüglicheren Zeitvertreib beschäftigt sind, und sie vollbringen gewaltige Taten, viel mehr, als ein Mensch in gleicher Zeit schaffen könnte... So heißt es im *»Allegro«* von John Milton:

> »Was Menschen in zehn Tagen
> nicht bezwungen hätten,
> Soviel drosch er in einer Nacht.
> Sein Schattenflegel hat die Tat vollbracht.«

Von dem häßlichen Zwerg, der in einer Nacht unglaubliche Mengen spinnt, um eine Menschenfrau oder ein Menschenbaby zu gewinnen, gibt es viele Geschichten. Die berühmteste ist die von Rumpelstilzchen.

Das kleine Volk verfügt auch über ausgezeichnete Gold- und Silberschmiede, die trotz ihrer Furcht vor Eisen äußerst geschickte Metallarbeiter sind. Auch dies ist wieder ein Beispiel für die komplexe Natur der Geister. Auch Vieh besitzen sie und Hunde, und man erkennt ihre Tiere meist daran, daß sie weißes Fell und rote Augen und Ohren haben.

Das kleine Völkchen weiß natürliche Nahrung sehr zu schätzen. Bekanntermaßen backt es ausgezeichnetes Vollkornbrot und Kuchen, die es zuweilen einem hilfsbereiten Menschen als Gegengabe anbietet. Milch liebt es ganz besonders, am besten direkt vom Euter (und da wieder besonders von sterblichen Kühen und ohne Erlaubnis ...), auch Käse und sonstige Milchprodukte werden gern als Entgelt angenommen (wenn sie sich nicht einfach selbst bedienen). Lady Wilde schreibt in *»Ancient Legends of Ireland«* (1899), daß das kleine Volk »Milch liebt und Honig, daß es den Nektar aus den Blütenkelchen schlürft, der für sie wie Wein ist«. Giraldus Gambrensis stellt fest, daß die Zauberwesen in Wales »weder Fleisch noch Fisch anrührten, sondern sich lediglich von Milchprodukten nährten, die sie mit Safran verfeinerten«. Auch hier erhebt sich wieder, wie bei allen anderen Aspekten des Geisterlebens, die Frage, was Schein und was Wirklichkeit ist. Wer kann mit Gewißheit sagen, ob dieser herrliche Silberkelch mit Met in Wirklichkeit nicht eine Eichelschale voll Schlammwasser ist? Die festliche Tafel, die sich unter der Last erlesener Köstlichkeiten biegt, ist vielleicht nur ein welkes Herbstblatt, und jene saftigen Pflaumen sind vielleicht Giftpilze?

Eines jedoch ist sicher – Zaubernahrung hat, ebenso wie ein Zauberkuß, große Macht über den Menschen, der unvorsichtig genug ist, davon zu kosten. Von wenigen Ausnahmen abgesehen, wird er nie wieder aus dem Zauberland freikommen.

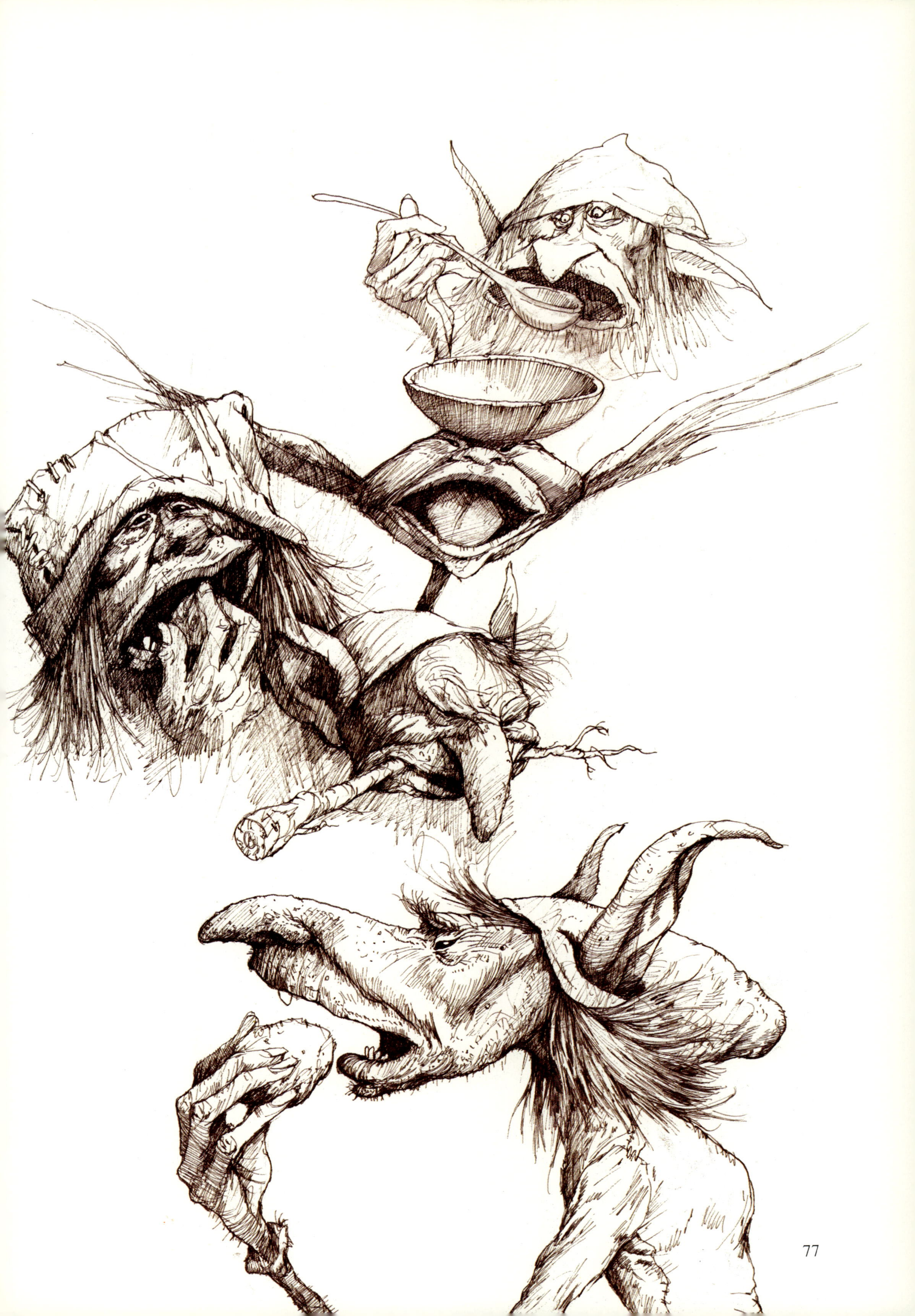

Bewohner des Zauberreichs

Der Mensch schuf Götter sich zum Bilde ..., und so spiegeln Thor, Bran und Pallas Athene den Geist ihrer Zeit, und zwar den der herrschenden Oberschicht. Aber auch jene, die nicht lesen und schreiben konnten und zu denen kein Barde kam, um von Göttern zu künden, hatten ihre Gottheiten, die eine gute oder schlechte Ernte bescherten, über dem Haus wachten und das Wetter beeinflußten, deren Segen man erflehte und die man für Mißerfolge verantwortlich machte. Aus den Schriften des klassischen Altertums und des Mittelalters wissen wir von Kriegsgott, Donnergott und Liebesgott. Die einfachen, ländlichen Götter haben sich auch ohne Schrifttum dank einer reichen mündlichen Überlieferung erhalten und leben noch heute als Geister fort.

Der Ampferwichtel oder Lepracaun

Wie bei anderem Zaubervolk kommt es auch bei ihm darauf an, ihn zu entdecken, bevor er einen bemerkt, dann ist er eher zur Zusammenarbeit geneigt und führt seinen Entdecker vielleicht zu einem versteckten Goldschatz. Man soll aber stets auf der Hut sein, denn er ist listig und verschlagen und verschwindet, ehe man sich's versieht.
Eine alte irische Legende berichtet von einem Jungen, der bettelarm war und sich seinen Lebensunterhalt durch das Schieben von Torfwagen verdiente. Er war still und in sich gekehrt, und man munkelte, er sei ein Wechselbalg. Er liebte Bücher über alles und las, soviel es seine ärmlichen Verhältnisse gestatteten. So las er auch in einem alten Buch über Lepracauns, daß diese stets wüßten, wo Gold vergraben sei. Mit Gold aber konnte man Bücher kaufen, und er machte sich darum auf die Suche nach einem Lepracaun. Angestrengt lauschte er viele Tage, ob er nicht irgendwo unter einer Hecke einen Hammer klingen hörte. So erblickte er tatsächlich eines Abends bei Sonnenuntergang einen Lepracaun unter einem Sauerampferblatt. Er schlich sich von hinten an ihn heran, packte ihn beim Kragen und drohte, ihn nicht eher loszulassen, als bis er ihm Gold gezeigt habe. »Für solche Gewalt ist gar kein Anlaß«, sagte der Wichtel, »denn du und ich sind blutsverwandt.« Der Junge war tatsächlich ein Wechselbalg und mit dem Geistervolk verwandt und hatte somit ein Anrecht auf Gold. Der Ampferwichtel führte ihn zu einer verlassenen Festung. Durch die Tür gelangten sie in das Innere, dessen Boden mit Goldstücken übersät war. »Nimm dir, soviel du brauchst, aber schnell; denn wenn die Tür sich schließt, ist es für immer.« Der Junge sammelte hastig, soviel er tragen konnte, und schaffte das Gold hinaus. Gerade wollte er zurückkehren, um mehr zu holen, als die Tür mit lautem Knall ins Schloß fiel. Der Lepracaun aber war nirgends mehr zu sehen. Der Junge hinterlegte das Gold bei einer Bank in Dublin und war nun reich. Er verstand es, mit dem Geld umzugehen, und blieb zeitlebens ein wohlhabender Mann, der zudem gelehrt und weise war. Seine Nachkommen blieben mit Wohlstand gesegnet bis auf den heutigen Tag. Die Geschichte hat deutlich einen moralischen Beigeschmack – das Gute wird belohnt –, obwohl es sich im vorliegenden Fall um einen Wechselbalg handelte. Lepracauns sind jedoch selten so gütig. Meist haben sie nur Schabernack im Sinn, wie zum Beispiel im Fall des Bauern, dem ein Lepracaun zeigte, unter welchem Jakobskraut auf seinem Acker Gold vergraben war. Der Bauer hatte keinen Spaten bei sich und ging daher, einen zu holen. Um die Pflanze auch wiederzufinden, kennzeichnete er sie durch ein rotes Strumpfband. Als er zurückkehrte, prangte an jedem einzelnen Jakobskraut ein rotes Strumpfband.

In Irland lebt unter Sauerampferblättern und Hecken der Lepracaun, ein fröhlicher, kleiner Wicht, der stets an einem Schuh arbeitet, nie an einem Paar.

Ampferwichtel
tragen meist
einen
Dreispitz

Manchmal drehen sie sich
auf der Hutspitze wie ein Kreisel.

Nach des Tages Mühe amüsieren sich Ampferwichtel sehr gern. Sie suchen Weinkeller auf und unternehmen dann betrunken im Mondlicht wilde Ritte auf einem Schaf oder einem Schäferhund.

Der Fierdarg
hat Freude an ziemlich
grausamen Scherzen.
Man stellt sich daher
besser gut mit ihm ...

Goblins

Goblins sind klein und boshaft und von schwärzlich-brauner Gesichtsfarbe. Als Goblins bezeichnet man aber auf den Britischen Inseln auch ganz allgemein die häßlicheren Kobolde. Sie erscheinen manchmal in Tiergestalt, was ihre bestialische Natur verdeutlicht. Sie sind die Diebe und Bösewichte des Geisterreichs und die Gefährten der Toten, besonders am Tag vor Allerheiligen. Aber damit nicht genug, sind Goblins auch Versucher, die mit verbotenen Zauberfrüchten ihr Opfer ins Verderben locken.

»Oh, schau nicht an den Goblin-Mann,
und kauf nicht seine Frucht,
wer weiß, wo ihre Wurzeln einst
die Nahrung sich gesucht?«

warnt Christina Rossetti in ihrem Gedicht *»Goblin Market«*.

Nicht alle Goblins sind von Haus aus böse. Die Kobolde in den Bergwerken zum Beispiel sind den Menschen meist wohlgesinnt.
Die Knockers, zu deutsch Klopfer, in den Zinnminen von Cornwall und Devon zeigen dem Bergmann durch Klopfen das Vorhandensein reicher Erzadern an. Sie sind meist freundlich zu den Bergleuten, obwohl sie gern Unfug treiben. Der Knocker ist ein Exhibitionist, und nichts macht ihm mehr Freude, als sein ohnehin häßliches Gesicht durch abscheuliche Grimassen noch mehr zu entstellen und dazu groteske Tänze aufzuführen. Bergleute sollten immer ein wenig von ihrer traditionellen Mahlzeit, dem Pastie, für die Kobolde übriglassen, um sie günstig zu stimmen, damit sie kein Unheil anrichten. Auch sollten sie sie nicht durch Fluchen und Pfeifen reizen, was meist mit einem, allerdings harmlosen, Steinhagel beantwortet wird. In Hunderten aufgelassener Zinnminen in Cornwall sind die Knockers immer noch aktiv und warten nur darauf, einem unternehmungslustigen Bergmann eine reiche Erzader zu zeigen. Im Gegensatz dazu bewachen die Knockers in einer alten Zinnmine in Chaw Gully, Dartmoor, ihr Bergwerk eifersüchtig vor dem Zugriff der Menschen. Man sagt, daß in seinen Tiefen noch reiche Zinn- und Goldadern auf ihre Entdecker warten. Auf einer Felsspitze in der Nähe des Bergwerks sitzen schwarze Vögel still und warten. Sobald jemand die Kühnheit besitzt, sich an einem Seil in den dunklen Bergwerksschacht hinunterzulassen, krächzen die Vögel. In halber Höhe erscheint dann in schwieliger Hand ein Messer und schneidet Seil und Lebensfaden ab. Die Leiche liegt am nächsten Tag säuberlich ausgebreitet am Bergwerkseingang.

Die deutsche Version der Knocker sind KOBOLDE, die jedoch nicht so hilfreich sind, sondern allgemein mehr zu Unfug und Schabernack neigen und Bergleute verärgern, indem sie deren Werk wieder zunichte machen. Trotzdem sind auch sie manchmal unerwartet hilfreich.

Die WICHTLEIN in Süddeutschland verhalten sich etwa genauso. Den Tod eines Bergmans kündigen sie durch dreimaliges Klopfen an. Wenn ein Grubenunglück bevorsteht, kann man sie graben und klopfen hören.

Der walisische Bergwerkskobold

Die Waliser haben ihre eigenen Bergwerkskobolde, die sie Coblynau (gesprochen »Koblernei«) nennen. Sie sind die walisischen Vettern der Knockers aus Cornwall. Man sieht sie mit dem Werkzeug des Bergmanns fleißig arbeiten. Nur bringen sie leider nichts zustande, denn sie tun nur so als ob und haben einen Riesenspaß daran. Ihr Klopfen mit Pickel und Hammer ist jedoch ein gutes Zeichen und weist auf eine ergiebige Ader hin.

In der Gemeinde Bodfari in Denbighshire wurde eine Horde von Coblynau gesehen, wie sie ausgelassen, nach Art der Moriskentänzer, auf einem Feld tanzten. »Sie schienen alle in Rot gekleidet wie britische Soldaten und trugen um den Kopf ein gelbes Taschentuch mit roten Punkten. Das Merkwürdige an ihnen war, daß sie etwa so groß wie ein normaler Mensch und trotzdem unverkennbar Zwerge waren, und man konnte sie nicht anders nennen als Zwerge.« Das berichtet Wirt Sikes in seiner Abhandlung *»Britische Goblins«*.

Zwerge

Zwerge sind trotz ihrer Kleinheit sehr kräftig und sehen meist bärtig und alt aus. Das rührt daher, daß sie bereits mit drei Jahren erwachsen sind und mit sieben schon einen grauen Bart haben. Ihre Heimat sind die Gebirge Skandinaviens und Deutschlands, wo sie kostbares Metall zu wundertätigen Waffen, Werkzeugen, Rüstungen und dergleichen verarbeiten. Sie schmiedeten »Miolnir«, den Hammer Thors, den Speer »Gungnir«, das Geschmeide »Brisinga-men« für Freya und unzählige andere Wunderdinge, darunter auch ein Seil, das dünn war wie ein Bindfaden und dabei stark genug, den Fenriswolf zu bändigen.

Fußnote: Zwerge schämen sich, ihre Füße zu zeigen, weil sie mißgestaltet sind. Entweder haben sie Gänsefüße oder Krähenfüße, oder ihre Füße sind verkehrt herum angewachsen. Daher tragen Zwerge stets ein langes Gewand. Der Neugierige kann trotzdem etwas erfahren, indem er Asche oder Mehl auf den Boden streut und die Fußabdrücke untersucht.

Zwerge

dürfen bei Tage nicht aus der Erde hervorkommen. Ein Sonnenstrahl genügt, um sie zu Staub zu verwandeln. In manchen Berichten heißt es, sie verbrächten den Tag als Kröten.

Eine Zwergengeschichte

Ein Wanderer, der sich bei schlechtem Wetter verirrt hatte, sah vor sich ein Licht schimmern. Er ging darauf zu und kam zu einer Hütte aus groben Steinen, in der die Reste eines Feuers glimmten. Zu beiden Seiten des Feuers lag je ein großer Stein und zwei Holzkloben. Der Wanderer fachte das Feuer an und setzte sich auf einen der Steine. Da trat ein Zwerg herein und setzte sich ihm gegenüber. So saßen die beiden, bis das Feuer heruntergebrannt war. Da nahm der Zwerg einen der schweren Holzklötze, zerbrach ihn überm Knie und legte ihn aufs Feuer. Als es wiederum kurz vor dem Verlöschen war, bedeutete er dem Wanderer, er solle das gleiche tun. Der aber vermutete eine List und tat nichts. So saßen sie, bis der Morgen graute, als plötzlich Zwerg, Hütte und Feuer verschwanden und der Wanderer entsetzt feststellte, daß er am Rande eines Abgrunds saß. Hätte er sich nach dem Holz gebückt, wäre er zu Tode gestürzt.

Der Braune Mann im Moor, Beschützer der wilden Tiere

Pixies
nehmen oft
die Gestalt
von Igeln
an.

Die Pixies: Wichtel aus Cornwall

Die Heimat der Pixies, auch Pisgie, Piskie oder Pigsey genannt, liegt in Dartmoor, Cornwall. Kaum ein Ort in Dartmoor bleibt von den kleinen grünen Übeltätern verschont, und ihr Name findet sich in geographischen Bezeichnungen wie »Pixie's Holt«, »Pixie's Cave«, »Pixie's Parlour«, »Puggie Stone«, wobei Puggie und Puck wiederum den gleichen Wortstamm haben. Pixies tanzen im Schatten der großen Steine von Hünengräbern oder an den Ufern der Flüsse. Ihre Glöckchen kann man weit übers Moor hören.

Ein beliebter Sport der Pixies ist das Stehlen von Dartmoor-Ponys, auf denen sie wilde Ritte quer durchs Moor unternehmen. Nicht einmal im Haus ist man vor ihnen sicher: sie werfen den Küchenmägden gern Töpfe und Pfannen hinterher.

Obwohl Pixie-Wichtelmännchen immer zu Späßchen aufgelegt sind, können sie auch hart arbeiten. Oft dreschen sie bei Nacht das Korn zum Dank für Brot und Käse. Ein Bauer fand einmal, daß sein Pixie, der ihm das Korn drosch, ein zerfetztes und zerlumptes Gewand trug. Er ließ deshalb von seiner Frau ein neues nähen. Sie legten es dem Pixie hin, damit er es finden sollte, wenn er zum Dreschen käme. Kaum aber sah der Kleine den nagelneuen Anzug, als er auch schon die Arbeit vergessen hatte. Er hüpfte und sprang vor Freude herum und sang:

> Neuer Mantel, neues Wams,
> neue Hosen, juchhe!
> Ihr stolz, ich stolz,
> Arbeit ade!

Und dabei blieb es. Er verließ den Bauern, der seine gute Tat sehr bereute.

Von Pixies behext

In Irland erklärt man sich das »In-die-Irre-geführt-Werden« durch Pixies, die als Grasbüschel getarnt sind. Der ahnungslose Wanderer, der auf solch ein Büschel tritt, löst einen Zauber aus, der ihn zum Beispiel beim Überqueren einer Weide das Gatter nicht mehr finden läßt, das er eben noch deutlich vor sich sah. Er kann die Hecken noch so systematisch absuchen, er findet es nicht mehr. Ein anderer bemerkt vielleicht, daß er sich genau entgegengesetzt zu der Richtung bewegt, in die er gehen wollte. So sehr er sich auch bemüht, dies zu ändern, es wird ihm nicht gelingen, es sei denn, er wendet das bewährte Mittel an und kehrt die Innenseite seines Mantels nach außen.

Verhexte Grasbüschel
Wer auf ein bestimmtes Grasbüschel tritt, muß in die Irre laufen, auch wenn er den Weg noch so gut kennt.

Irrlichter

In entlegenen Gegenden, kann eine Lichterscheinung beobachtet werden, die unter der lateinischen Bezeichnung „IGNIS FATUUS" bekannt ist.

Über das Zustandekommen dieses Phänomens gibt es eine Anzahl Theorien, jedoch noch keine befriedigende Erklärung.

Bei Schreck-
Gespenstern
handelt es sich um
Kobolde, die ihre
Gestalt verändern können.
Manche sind gefährlich,
andere nur hinterlistig.

Der Puka

Als Puka wird eine bestimmte Art von irischen Kobolden bezeichnet, die in grober Tiergestalt auftritt. Ein Puka kann als Hund, Pferd oder sogar als Stier erscheinen und ist meist pechschwarz, mit brennendem Blick. Als liebes, schon etwas klappriges Pony bietet der Puka dem müden Wanderer seinen Rücken zu einem willkommenen Ritt. Kaum aber sitzt dieser auf, geht es in wildem Galopp durch Sumpf und Dornen davon, wobei der Reiter am Ende kopfüber im Graben oder im Schlamm landet. Das glucksende Lachen, das er hört, ist das des Puka.

Pukas verwandeln
sich manchmal
auch in Adler
und tragen
Menschen auf
dem Rücken
davon.

Der Puck
ist ein kleiner Übeltäter, der
in verschiedener Gestalt
auftritt und durch
Shakespeare besonders
bekannt geworden ist.
Mit ihm verwandt sind
der Pwca in Wales und
der irische Puka.

Auf den
Shetland-Inseln
hausen TROLLE,
die mit den
skandinavischen
Trollen verwandt
sind. Wie diese
haben sie eine
Abneigung gegen
Tageslicht. Oft kann
man sehen, wie sie
einen merkwürdigen
schiefen Tanz
aufführen, den sie
„Henking" nennen.

Seelie und Unseelie

Die Geister des schottischen „Unseelie Court" sind im Gegensatz zu ihren etwas freundlicheren Vettern vom Hof der „Seelie" durch und durch böse. Während die Mitglieder der „Seelie" zur Dämmerstunde auftreten, treiben die „Unseelie" des Nachts ihr Unwesen.

Besonders schlimm wütet eine Gruppe, die sich „The Host" nennt, nachts durch die Lüfte fliegt und jeden Unseligen packt, der sich zu dieser Zeit noch draußen aufhält. Das arme Opfer wird mitgezerrt, gestoßen und geschlagen und dazu noch gezwungen, sich an den abscheulichen Aktivitäten seiner Peiniger zu beteiligen, wie z.B. Mensch und Vieh durch „Hexenschuß" zu lähmen.

Zu den „Unseelie" gehören
eine Anzahl gräßlicher
und furchterregender Monster,
die ihr Unwesen meist an
einem bestimmten Ort
treiben.

Der Fachan
aus dem westlichen Hochland Schottlands

Die vielen Hexen,
die die britischen Inseln bewohnen,
sind möglicherweise späte Nachfahren
früherer Gottheiten. Sie sind häßlich
wie die Nacht; aber wie die Nacht zum
Morgen, werden diese Hexen oft zu
schönen jungen Mädchen. Manche,
z.B. die „schwarzen Annis",
sind „Kannibalen.

Schreck-
Gespenster
sind im allgemeinen
böse, bevorzugen jedoch
Lügner und Mörder
als Opfer.

Ketten-
Jack
ein
Riese, treibt
sein
Unwesen
auf
einsamen
Landstraßen
in
Yorkshire.

Trotz seines furchterregenden Aussehens ist Eber-Jimmy relativ harmlos!

Rotkappe
ist einer
der schlimmsten
Kobolde überhaupt.
Er haust in Turm-
und Burgruinen,
ganz besonders in
solchen mit einer
grausigen Geschichte.
Seine Kappe
färbt er mit
Menschenblut.

Die Waschfrau wäscht an einsamen
Flüssen die blutige Wäsche der Sterbenden.
Bei der Erscheinung soll es sich um Seelen
von Frauen handeln, die im Kindbett starben
und dazu verdammt sind, bis zu dem Tage,
an dem sie normalerweise gestorben wären,
diese Arbeit zu verrichten.

Gwyllions,
Bergfeen aus Wales,
haben die irritierende
Angewohnheit, ganz
still zu beiden Seiten
eines Bergpfades
zwischen den Felsen
zu sitzen und vorbei-
ziehende Wanderer
zu beobachten.
Die
grüne Lady
von Caerphilly
wird zur Elfe
wenn sie nicht
in Burgruinen
spukt.

Lan-an-Schie
ist auf der Insel Man
ein blutsaugender
Vampir und in Irland
Muse der Dichter. Wer
von ihr inspiriert ist,
lebt ein glänzendes,
aber kurzes Leben.

Der Kelpie

Dies ist ein schottischer Wassergeist. Manchmal sieht er aus wie ein haariger Mann, häufiger jedoch wie ein junges Pferd. Er erscheint den Menschen an Flüssen und Strömen. Wer aber ahnungslos aufsitzt und das Pferd reiten will, wird ins Wasser geschleppt und gehörig untergetaucht.
Weit gefährlicher ist der Each-Uisge, in Irland bekannt unter dem Namen Augisky, der im Meer und in Seen sein Unwesen treibt. Er trägt sein Opfer ins Wasser, wo er es in Stücke reißt und verschlingt, wobei er nur die Leber übrigläßt.
Reitet man ihn weit drinnen im Land, ist der Augisky recht ungefährlich. Sobald er jedoch Meerwasser riecht oder spürt, und sei es noch so weit entfernt, ist der Reiter verloren ...

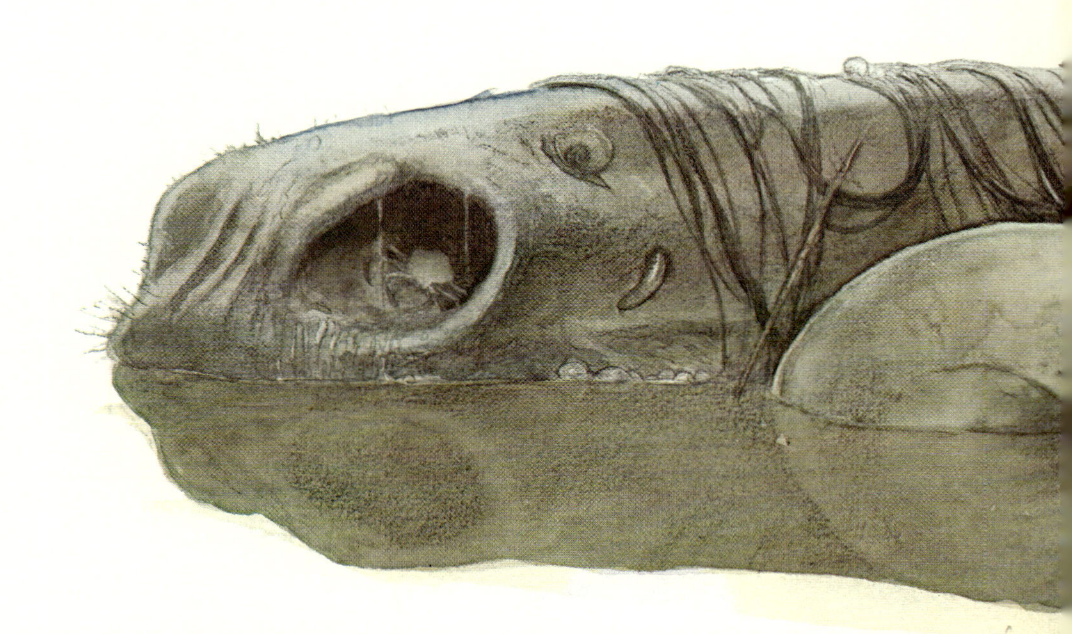

Der Ghoulie

ist der grauenerregendste der schottischen Meeresgeister. Aus seinem Rücken wächst ein grausiger Torso, mit Armen, die so lang sind, daß sie bis zur Erde herabhängen, und mit einem riesigen, schweren Kopf, der von einer Seite auf die andere rollt, als wäre der Hals zu schwach, ihn zu tragen.

Das Schrecklichste an ihm aber ist sein Fleisch, denn es hat keine Haut. Man sieht das dunkle Blut in gelben Adern fließen, und die weißen Sehnen und kräftigen, roten Muskeln liegen bloß. Der Ghoulie hat eine Abneigung gegen fließendes Süßwasser. Man kann sich also vor ihm retten, wenn man fließendes Süßwasser zwischen ihn und sich bringt.

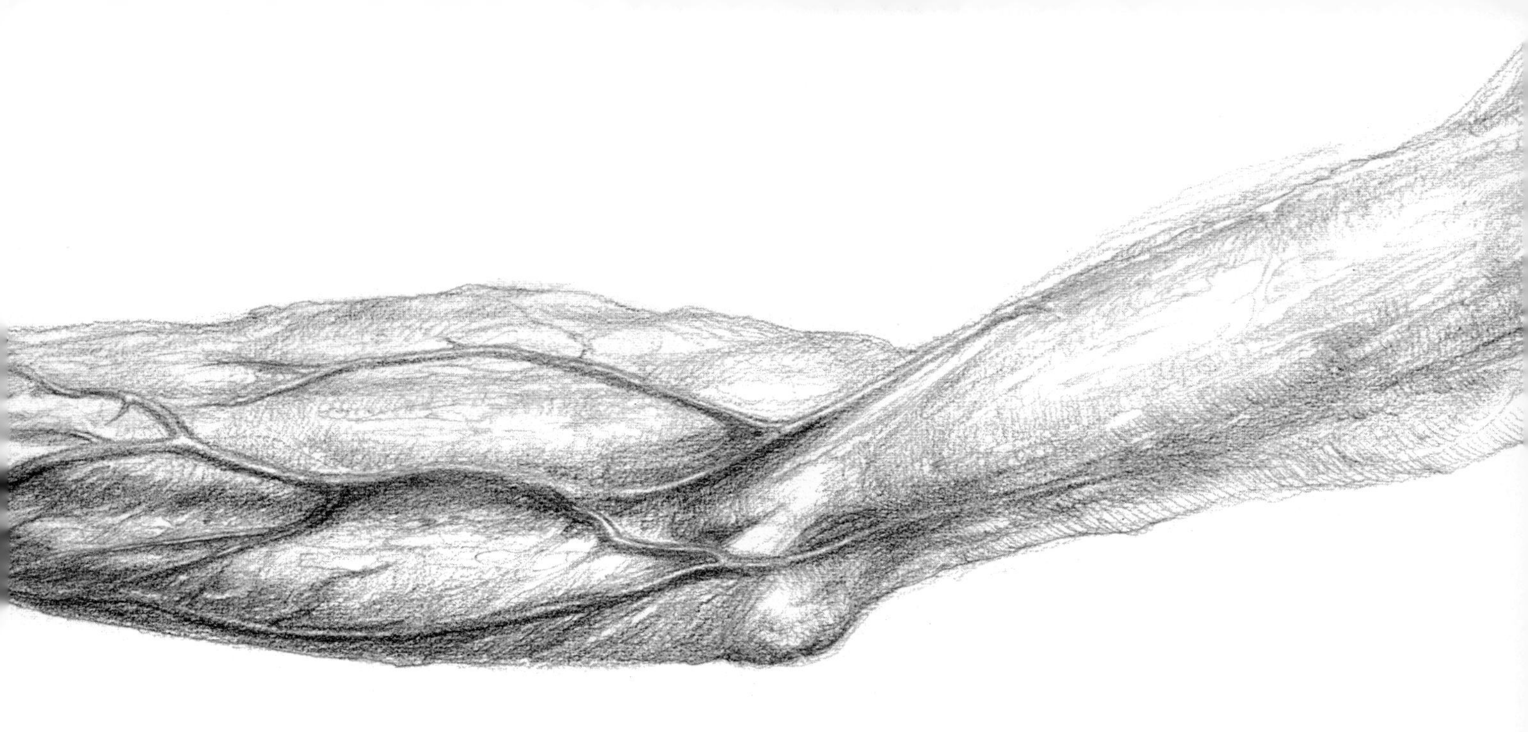

Der
Wasserhüpfer
stellt walisischen
Fischern nach.

Wasser-Nympfen

Wasser spielt in
Geistergeschichten immer
eine besondere Rolle.
Seine Doppelnatur
als Lebensspender
und Todeselement
hat den mit ihm verbundenen
Gottheiten stets
besondere Stärke verliehen.
Wie die Flüsse und Seen,
in denen sie leben,
vereinen Loreley,
Nymphen, Nixen,
Najaden und Undinen
in sich Schönheit
und Gefahr.

Fluß- und Stromnymphen sind im allgemeinen weniger gefährlich als ihre Verwandten im Meer und in den Seen.

Der
Shellycoat
st ein schottisches
asssergespenst.
r ist ganz
it Muscheln
ehängt, die
eise klappern,
enn er sich
ewegt. Er hat
paß daran,
anderer zu
rschrecken und
n die Irre
u leiten.

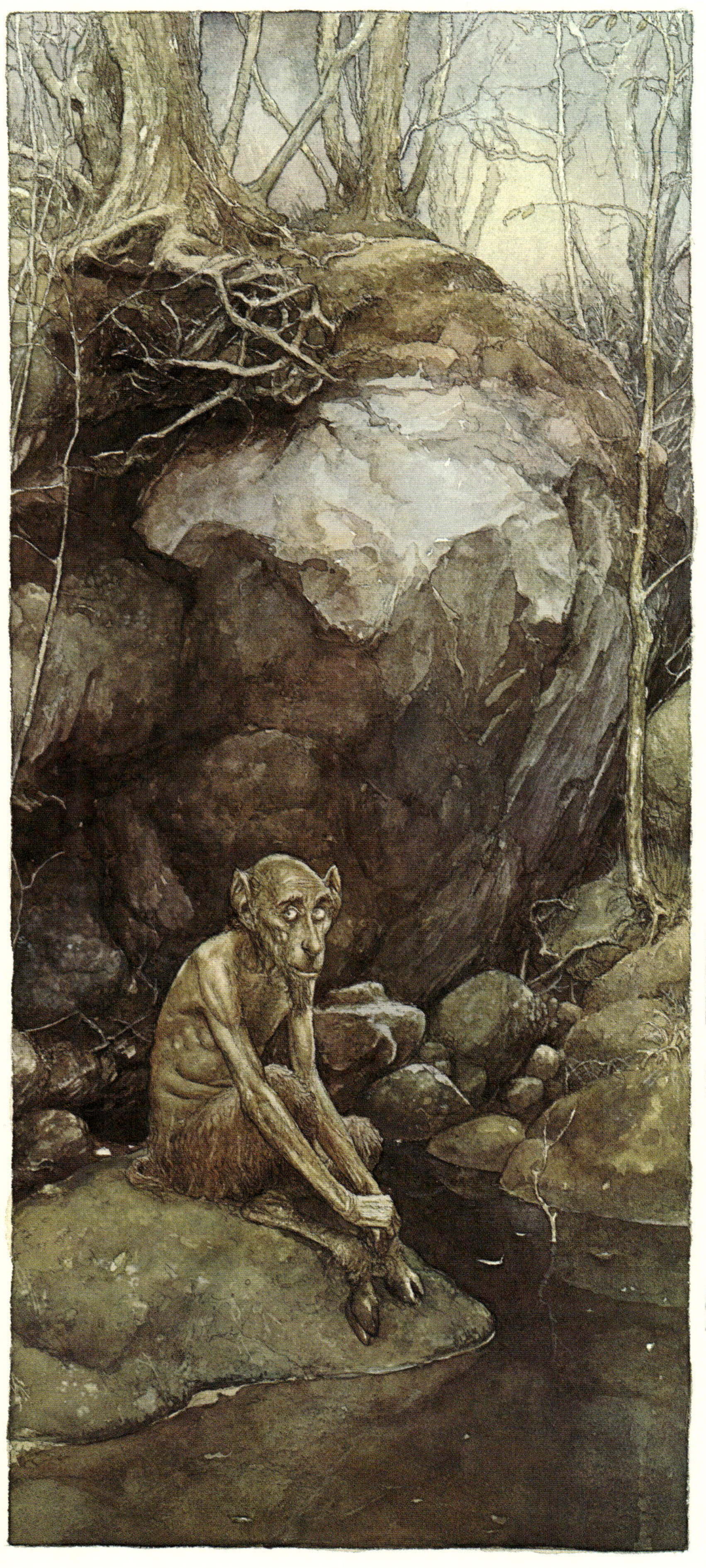

Urisk ist ein armer, einsamer schottischer Geist, der gern die Nähe der Menschen sucht. Sein eigentümliches Aussehen erschreckt jedoch jeden, dem er sich nähert.

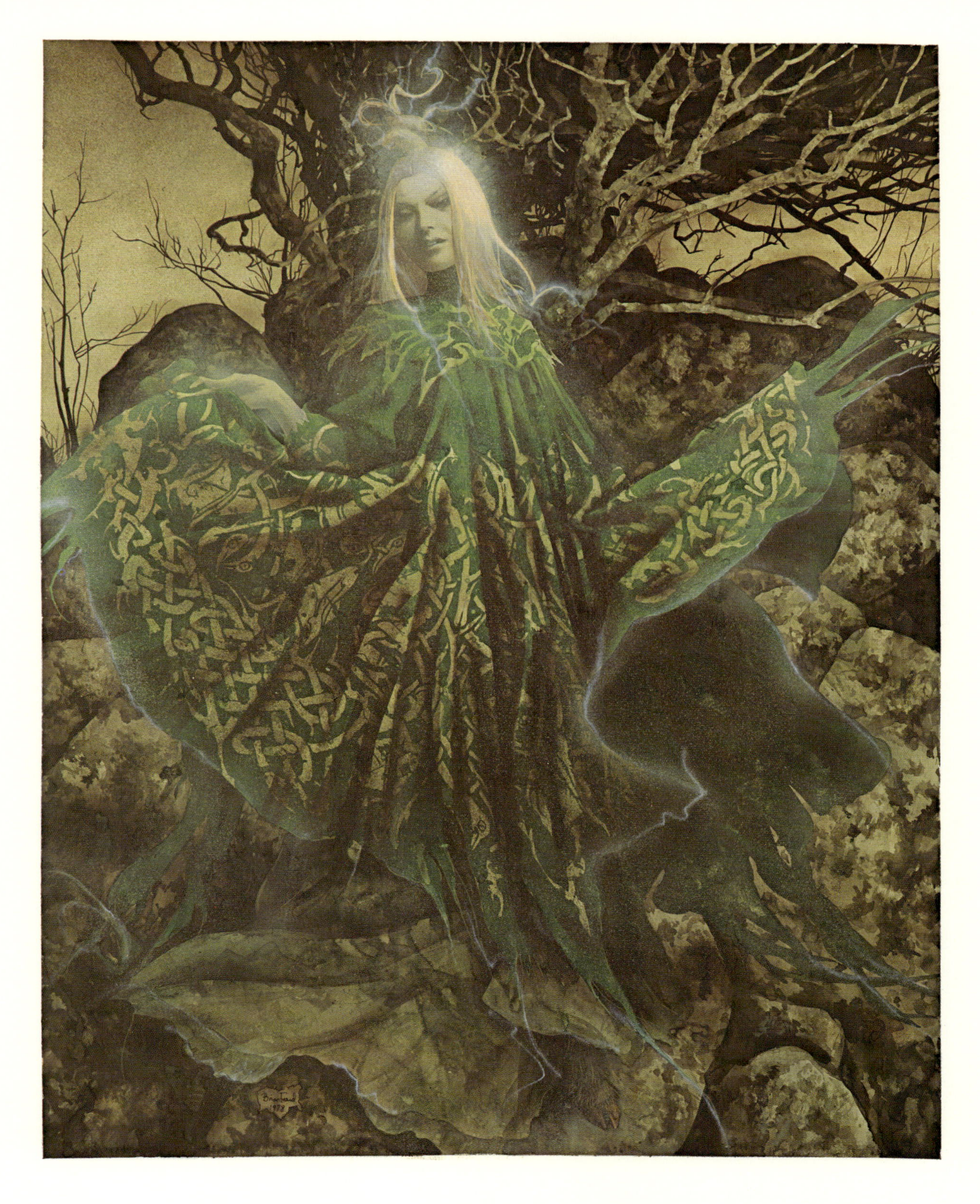

Morna ist halb verführerische Frau, halb Ziege. Die Merkmale, die verraten, daß sie der „anderen" Welt angehört, versucht sie unter einem fließenden grünen Gewand zu verstecken. Sie verführt Männer dazu, mit ihr zu tanzen, bevor sie sich, wie ein Vampir, von ihrem Blute nährt. Ihr Wesen ist – typisch für Geister – zwitterhaft gespalten, denn sie kann auch gütig sein und hilft auch alten Leuten und Kindern.

Marga Hakel

Jenny Grünzahn

Es gibt viele Wassergeister, deren Hauptvergnügen darin besteht, kleine Kinder zu ertränken und zu verspeisen. Die meisten bestehen wahrscheinlich nur in der Phantasie von Müttern, die mit derlei Schauergeschichten versuchen ihre Kinder vom Wasser fernzuhalten. In der Ilz gibt es jedoch Marga Hakel, und in einem Fluß in der Heide lebt Jenny Grünzahn. Beide sind grüne Hexen mit langem fließendem Haar und scharfen Zähnen, die ihre Opfer hinab ins nasse Grab ziehen.

Die Asrai sind kleine, zarte Wasserfeen,
von denen nichts
als eine kleine
Wasserlache
übrigbleibt, wenn sie gefangen werden,
oder ein Sonnenstrahl sie trifft.

Selkies

Das Meer um die Orkney- und Shetland-Inseln ist die Heimat der Selkies. Weibliche Selkies können ihre Seehundhaut ablegen und sich als schöne junge Frauen an Land begeben.
Gelingt es einem Mann, sich der Seehundhaut zu bemächtigen, muß die Selkie seine Frau werden. Sie sind gute, allerdings etwas launische Frauen. Sobald eine Selkie ihre Haut wiederfindet, verschwindet sie sogleich im Meer, der Mann aber siecht dahin und stirbt. Männliche Selkies verursachen Stürme und lassen Boote kentern, um sich für das wahllose Dahinschlachten von Seehunden zu rächen.

Lutey und die Seejungfrau

Seejungfrauen
locken die Fischer mit
ihrem klagenden Gesang.
Sie entfesseln verheerende
Stürme und sind
meist damit
beschäftigt, ihr langes
Haar zu kämmen.

In alter Zeit pflegten die Fischer in Cornwall den Strand nach wertvollem Treibgut abzusuchen, das von den vielen Schiffen stammte, die an der zerklüfteten Felsenküste zerschellten. Dabei fand der Fischer Lutey aus Cury in der Nähe von Lizard Point eine Seejungfrau, die in einer von der Flut zurückgelassenen Pfütze gefangen war. Sie war sehr, sehr schön, und so entsprach er gern ihrer Bitte, sie zum Wasser zu tragen, das eben mit der Ebbe zurückwich. Sie schmiegte sich an ihn und stellte ihm zum Dank für seine Freundlichkeit drei Wünsche frei. Lutey, der ein kluger und bedachtsamer Mann war, wünschte sich zunächst die Kraft, Hexenzauber zu brechen; zweitens die Kraft, hexenähnliche Wesen dazu zu zwingen, anderen Gutes zu tun, und drittens, daß diese Kräfte sich auch auf seine Nachkommen vererben sollten.
Die Seejungfrau erfüllte ihm diese Wünsche, und da er selbstlos und weise gewählt hatte, fügte sie noch zwei Gaben hinzu: erstens sollte niemand in seiner Familie je Mangel leiden, und zweitens gab sie ihm die Möglichkeit, sie jederzeit zu rufen, wenn er in Not sein sollte. Er dankte ihr ernsthaft, während er sie mit großen Schritten zum Wasser trug. Nun war Lutey ein schöner und starker Mann, und die Seejungfrau hätte ihn gern für sich gewonnen. Sie war ein anmutiges Geschöpf mit ihrem langen, silbrig schimmernden Haar, den großen grünen Augen und der weichen süßen Stimme. Als sie schließlich am Wasser angelangt waren, begann sie zu bitten und zu betteln, er solle noch ein Stückchen mit ihr kommen, wobei sie die Arme um seinen Hals schlang, damit er sie nicht absetzen konnte. Ihre Stimme war so sanft und ihr Körper so geschmeidig, daß Lutey schon einige Schritte ins Wasser hinein getan hatte und für immer verloren gewesen wäre, wenn nicht sein Hund wie wild gebellt und ihn an seine eigene liebe Frau und seine Kinder erinnert hätte. Die Seejungfrau aber klammerte sich nur noch fester an ihn und hätte ihn hinabgezogen, wenn er nicht sein Messer gezückt und ihr damit gedroht hätte. Das Messer war aus Eisen, wovor das Meervölkchen zurückschreckt. Noch im Untertauchen rief sie zu ihm zurück:

»Lebwohl, Lebwohl!
Möge es dir wohlergehen, Liebster!

Neun Jahre will ich auf dich warten
Und dein Bild im Herzen tragen,
Ehe ich wiederkehre.«

Luteys Wünsche erfüllten sich. Seine Familie und seine Nachkommen wurden berühmte Heilkundige. Aber auch der Spruch der Seejungfrau bewahrheitete sich. Auf den Tag genau neun Jahre, nachdem Lutey sie abgewiesen hatte, sah er sie wieder. Er war mit seinem Sohn auf dem Meer beim Fischen, als sie sich aus dem Wasser erhob, das so grün war wie ihre Augen. Sie schüttelte ihr silbriges Haar und winkte ihm. Lutey wandte sich zu seinem Sohn und sprach: »Es ist Zeit. Ich muß meine Schuld begleichen.« Er schien aber nicht im geringsten unglücklich, als er zu seiner Geliebten mit der Samtstimme in die Tiefe sprang. Es heißt, daß seitdem alle neun Jahre ein Lutey aus Cury auf See verlorengeht. Ob sie alle so freudig gingen wie der erste, ist nicht bekannt.

Merrows

sind irische Nixen und Wassermänner. Sie unterscheiden sich von anderen Wassergeistern durch rote Federkappen, ohne die sie nicht in ihr wässriges Heim zurückkehren können, wenn sie ihnen zum Beispiel gestohlen werden. Die weiblichen Merrows sind sehr schön. Vor einem Sturm erscheinen sie, wie andere Seejungfrauen, als böses Omen. Sonst sind sie aber freundlicher von Natur und verlieben sich oft in sterbliche Fischer. Dies ist in Anbetracht der extremen Häßlichkeit der männlichen Merrows teilweise erklärlich.

Heinzelmännchen

Diese kleinen Gesellen sind an verschiedenen Merkmalen leicht zu erkennen. Das typische Heinzelmännchen ist klein, hager und runzlig und von brauner Hautfarbe. Es wird bis zu 62,5 cm groß und ist entweder nackt oder in braune Fetzen gekleidet. Heinzelmännchen der schottischen Highlands haben keine Finger und Zehen, die der Lowlands haben keine Nase.

Das Heinzelmännchen »übernimmt« in der Regel ein Haus, um das es sich fortan kümmert. Es besitzt einen hochentwickelten Verantwortungssinn und kommt des Nachts hervor, um nach dem Vieh zu sehen, zu mähen und zu dreschen, Gänge zu erledigen; kurzum, es macht sich unentbehrlich. Auch liegengebliebene oder von den Mägden angefangene Arbeit wird von ihm erledigt. Sollten sie aber gar zu faul sein, werden sie von ihm dafür gequält. In Schottland helfen Heinzelmännchen auch beim Brauen.

Für all seine Mühe erwartet das Heinzelmännchen jedoch keinen Dank. Ein Schüsselchen Sahne oder Milch und ein mit Honig bestrichener Keks genügen. Alles, was darüber hinausgeht, wird es eher verärgern, und oft hat es ein Haus verlassen, weil man ihm in falsch verstandener Fürsorglichkeit neue Kleider hinlegte:

> »Was haben wir da? Hampfen, Hampfen!
> Hier will ich nicht länger treten
> noch stampfen.«

Im Gegensatz dazu gibt es aber mindestens einen überlieferten Fall, in dem das Heinzelmännchen an der Qualität der ausgelegten Kleidung Anstoß nahm, die ihm nicht genügte, während es die Kleidung sonst wohl angenommen hätte ...

> »Harter, harter, harter Hanf,
> Hier ich nie mehr mahl und stampf!
> Hättet Leinen ihr gegeben,
> Wollt ich lang noch bei euch leben.
> Geiz vergehe, Unglück bleibe ...
> Künftig bleib' ich euch vom Leibe.«

Wie alle Geister sind auch Heinzelmännchen unberechenbar, und man sollte sich sehr in acht nehmen, sie zu beleidigen. Im Handumdrehen wird sonst aus einem hilfreichen Heinzelmännchen ein Plagegeist. Von einem Heinzelmännchen wird berichtet, daß jemand die Art, wie es mähte, kritisierte. Aus Rache warf es die ganze Ernte über einen Felsen in einen Abgrund.

Der Bwca (Buka)

Die walisische Spielart des Heinzelmännchens ist der Bwca (gesprochen »Buka«). Er wird willig buttern, wenn Küche und Feuerstelle sauber gekehrt sind und ein Schüsselchen Sahne neben das Feuer gestellt wurde. Falsche Behandlung oder Beleidigungen führen bei ihm zu Zornausbrüchen. Er trommelt dann gegen die Wand, wirft Gegenstände oder sogar Menschen durch die Luft, kneift Schlafende, zerreißt Kleider, plaudert Geheimnisse aus, brüllt oder schlägt seinen Beleidiger. Der Hausherr sollte sich mit Eisen, Weihwasser und Kreuzen aus Bergesche schützen und einen weisen Mann holen, um den Buka auszutreiben. Der Buka verachtet Abstinenzler und Leute mit langer Nase. Ein Buka drangsalierte einmal einen Baptistenprediger, der Alkohol verabscheute, indem er ihm beim Beten den Betschemel fortzog, so daß der Prediger lang hin auf die Nase fiel. Er schepperte so lange mit dem Schüreisen auf dem Herd, bis die Hunde jaulten, erschreckte die Knechte und Mägde und verängstigte den Prediger, indem er ihm in dessen eigener Gestalt erschien. Schließlich ergriff der Prediger zu Pferd die Flucht. Der Buka aber saß mit auf und grinste von einem Ohr zum anderen.

Auf einem Bauernhof in der Grafschaft Monmouthshire wurde ein Buka von einer Magd verscheucht, die statt Sahne abgestandenen Urin für ihn hinstellte. Der Buka wechselte daraufhin zu einem anderen Bauernhof, wo die Magd aber nach seinem Namen forschte, den er nicht verraten wollte. Eines Abends tat sie deshalb so, als ob sie fortginge, und legte sich statt dessen unter die Treppe. Da hörte sie ihn singen: »Oh wie gut, daß niemand weiß, daß ich Gwarvyn-a-Throt heiß!« Da gab sie zu erkennen, daß sie mitgehört hatte, und er floh ins Nachbarhaus, wo er sich mit dem Knecht Moses anfreundete. Moses fiel jedoch in der Schlacht von Bosworth, und der kleine Buka wurde schließlich so böse, daß ein Weiser gerufen werden mußte, um ihn auszutreiben. Er veranlaßte den Buka, seine lange Nase aus dem Loch zu stecken, in dem er sich verborgen hielt, und durchstach ihm die Nase mit einer Ahle. Der Buka aber fuhr auf einem Wirbelwind zum Roten Meer.

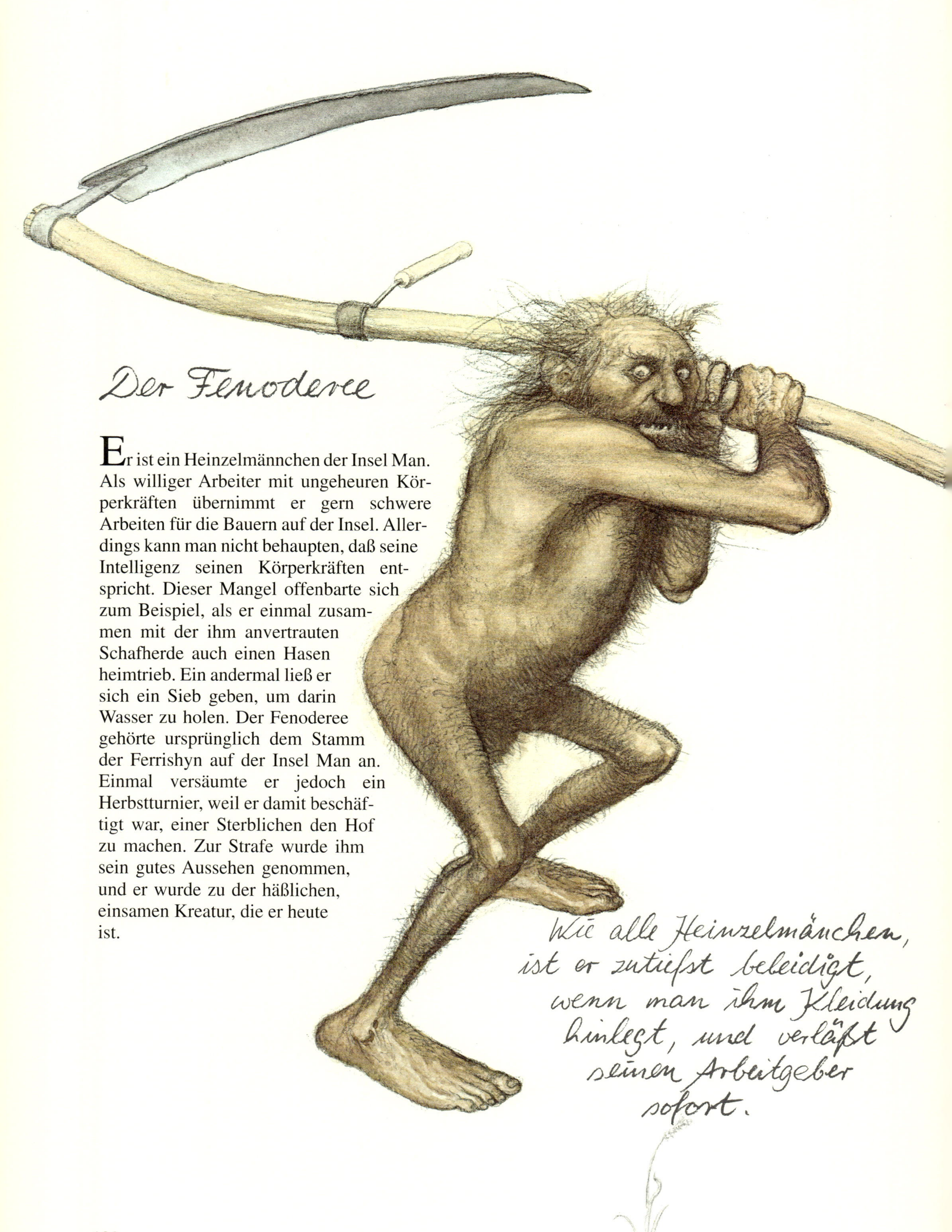

Der Fenoderee

Er ist ein Heinzelmännchen der Insel Man. Als williger Arbeiter mit ungeheuren Körperkräften übernimmt er gern schwere Arbeiten für die Bauern auf der Insel. Allerdings kann man nicht behaupten, daß seine Intelligenz seinen Körperkräften entspricht. Dieser Mangel offenbarte sich zum Beispiel, als er einmal zusammen mit der ihm anvertrauten Schafherde auch einen Hasen heimtrieb. Ein andermal ließ er sich ein Sieb geben, um darin Wasser zu holen. Der Fenoderee gehörte ursprünglich dem Stamm der Ferrishyn auf der Insel Man an. Einmal versäumte er jedoch ein Herbstturnier, weil er damit beschäftigt war, einer Sterblichen den Hof zu machen. Zur Strafe wurde ihm sein gutes Aussehen genommen, und er wurde zu der häßlichen, einsamen Kreatur, die er heute ist.

Wie alle Heinzelmänchen, ist er zutiefst beleidigt, wenn man ihm Kleidung hinlegt, und verläßt seinen Arbeitgeber sofort.

Das Volk der Mühlengeister

Die Mühlengeister oder Killmoulis sind ganz besonders häßliche Heinzelmänchen, die in Mühlen herumgeistern. Typisch für sie sind die riesige Nase und das Fehlen des Mundes. Man vermutet daß sie ersatzweise die Nahrung in die Nase stopfen. Obwohl der Killmoulis hart für den Müller arbeitet, spielt er ihm auch böse Streiche und ist daher oft eher eine Last als eine Hilfe.

Die Mühle von Fincastle

Eine der bekanntesten Hochland-Heinzelfrauen in Schottland ist Meg oder auch Maggy Moloch. Sie hatte einen Sohn, Heinzel-Clod, der aber ein Dobie, also eine ziemlich dumme Art von Heinzelmännchen, war. Man erzählt sich die Geschichte von der Mühle von Fincastle, in der es spukte, so daß sich nach Einbruch der Dunkelheit niemand mehr hineinwagte. Eines Abends aber bemerkte ein junges Mädchen, das seinen Hochzeitskuchen backen wollte, daß ihm das Mehl ausgegangen war. Da niemand für sie zur Mühle gehen wollte, entschloß sie sich, es selbst zu tun. In der Mühle setzte sie ein kräftiges Feuer in Gang und stellte einen Kessel mit Wasser auf, worauf sie begann, das Mehl zu mahlen. Punkt Mitternacht erschien ein häßliches kleines Männchen und rückte ihr langsam näher. Sie fragte, wer er sei, worauf er mit der Frage antwortete, wer sie denn sei? Sie antwortete: »Oh, ich selbst.« Der Kleine rückte noch näher und glotzte in so unangenehmer Weise, daß sie es schließlich mit der Angst bekam und eine Kelle kochendes Wasser über ihn goß. Da schrie er vor Schmerz und stürzte sich auf sie. Sie verteidigte sich, indem sie das übrige kochende Wasser auch noch über ihn goß, worauf er tödlich verbrüht zur Tür hinaus und zu Maggy Moloch, seiner Mutter, floh. Sie fragte, wer ihn so zugerichtet hatte, und er antwortete: »Oh, ich selbst.«

Doch das Mädchen entging Maggys mütterlicher Rache nicht. Eines Abends erzählte man Geschichten, und sie sollte auch eine zum besten geben. Da erzählte sie, wie sie das Heinzelmännchen in der Mühle verjagt hatte. Unbemerkt von den Anwesenden war auch Maggy Moloch zugegen und hatte alles mit angehört. Ihre Rache folgte augenblicklich, indem sie einen dreibeinigen Schemel mit solcher Wucht gegen die junge Braut schleuderte, daß diese auf der Stelle tot war. Maggy Moloch machte sich später auf einem Bauernhof nützlich, dessen Knechte und Mägde sie mit Brot und Sahne für ihre Hilfe entlohnten. Sie arbeitete so gewissenhaft, daß der Bauer beschloß, all sein Gesinde zu entlassen und ihr die gesamte Arbeit anzuvertrauen. Kaum aber hatte er das getan, als sie streikte und sich in einen argen Ganztagsplagegeist verwandelte, der ihm so zu schaffen machte, daß er die Knechte und Mägde zurückrief und sie schleunigst wieder einstellte.

Zauberpflanzen

Vom Roten Fingerhut ist seit
altersher bekannt, daß er dem
Elfenvolk als Kopfbedeckung
oder als Handschuh dient.
Die Pflanze enthält Digitalis,
ein Gift, das einen Rausch-
zustand hervorruft, wie er
nur von übernatürlichen
Wesen kommen kann.

Die spitzblättrige Glockenblume

Primeln haben eine einzigartige Eigenschaft: Sie machen unsichtbares sichtbar. Wer Primeln ißt, sieht bestimmt Gespenster, und wer einen Geisterfelsen mit der richtigen Anzahl von Primeln in einem kleinen Sträußchen berührt, dem öffnet sich das Zauberland.

Kreuzkraut
und Raigras dienen dem
Elfenvolk als Pferdeersatz.
Schon John Aubrey schrieb
im 17. Jahrhundert,
daß die Worte: „Horse
and Hattock" die
Stengel zum fliegen
brachten.

Wilder Thymian

Die Bienen, Boten der Götter, lieben seine Blüten ganz besonders. Wer Gespenster sehen will, braucht sich nur einen Trank aus dieser Pflanze zu brauen, aber nur aus den Spitzen, die man wiederum in der Nähe eines häufig von Geistern besuchten Hügels pflücken soll! Der Trank muß außerdem Gras von einem Elfenthron enthalten.

Was für alle beim Geistervolk beliebten Blumen gilt, gilt auch für den wilden Thymian:
Es ist nicht ganz ungefährlich, ihn im Haus zu haben.

Gelbe Schlüsselblumen

haben zu allen Zeiten die Verbindung vom Menschen zur Geisterwelt hergestellt. Sie werden vornehmlich von Elfen bewohnt, die Zugang zu geheimen Goldschätzen haben. Sie erschließen sozusagen den Weg zu Glück und Reichtum – daher der Name „Schlüssel"-Blume.

Die Stief-
mütterchenart,
die zur Zeit
Elisabeths I.
in England wuchs
und beim einfachen
Mann wie bei den
Geistern gleichermaßen
beliebt war, war die
kleine „Viola tricolor".
Aus den
Stiefmütterchen
braute Oberon
seinen Liebestrank.

Die rundblättrige Glockenblume ist ebenso schön wie gefährlich. Bei den Schotten heißt sie „Totenglocke", denn wer sie läuten hört, hört sein eigenes Grabgeläut. Sie ist die Blume mit der stärksten Zauberwirkung, und ein Wald, in dem sie wächst, ist ein besonders unheilvoller Ort.

Das vierblättrige
Kleeblatt
hilft gegen
Hexenspuk.

Noch wirksamer ist Johanniskraut. Es bietet regelrecht Schutz vor Geistern. Wie das Gänseblümchen, ist Johanniskraut ein Sonnensymbol und spielte bei den heidnischen Mittsommernachtsfesten eine bedeutende Rolle. Es ist Schutz- und Heilpflanze zugleich.

Baumgeister und Baumwesen

So mancher Baum ist kein Baum im üblichen Sinne. Wer so unvorsichtig ist, sich in tiefer Nacht in seine Nähe zu begeben, wird voll Grauen spüren, wie kleine Finger ihn überall kneifen und betasten. Der Zauber dreier Dornenbäume im spitzen Winkel zueinander ist ganz besonders mächtig, und man soll sich ihnen, wenn überhaupt, nur mit allergrößter Vorsicht nähern. Andererseits kann ein Zweig von einem Dornenbaum, mit Bändern oder auch nur Lumpen behängt, die Geister milde stimmen.

Andere vom Geistervolk bevorzugte Bäume sind Schwarzdorn, Haselnuß, Erle, Holunder und Eiche. Urwesen und seltsame Kreaturen bewohnen ihre Zweige. Zwei Dornenbäume, die mit einem Holunder zusammenstehen, sind eine ganz besonders gefährliche Kombination! Ebenso Eiche, Esche und Dornenbaum. Merkwürdigerweise ist auch hier wieder ein Gebinde aus einem Eichen-, einem Eschen- und einem Dornenzweig, umwickelt mit einem roten Faden, ein segensreiches Mittel gegen bösen Zauber. Ganz allgemein soll man sich jedoch vor Zauberbäumen in acht nehmen, denn sie werden mit allen Mitteln vom Geistervolk verteidigt. Wie bei allem, was mit der Geisterwelt zu tun hat, sind auch hier eventuelle Wohltaten mit Vorsicht zu genießen. Man ist immer besser beraten, wenn man nichts von ihnen annimmt.

In keltischen
Legenden gilt die
Haselnuss als Gefäß des Wissens.
In England war sie außerdem schon
immer ein Fruchtbarkeitssymbol.

Weißdorn

Auch dem Vogelbeerbaum wird eine Schutzwirkung
zugeschrieben. Aus seinem Holz macht man Butterfässer,
damit sich das Elfenvolk für deren Inhalt nicht zu sehr
interessierte. Ein verhextes Pferd kann man jederzeit mit
einer Vogelbeer-Gerte wieder zur
Räson bringen.
„Fliegende" Vogelbeeren
haben ihre Wurzeln
nicht im Erdreich; sie
wachsen z.B. in Fels-
spalten oder spreizen
sich zwischen den Ästen
anderer Bäume. Ihr
Holz gewährt den
allerwirksamsten
Schutz.
Bei den Druiden
wurde die Vogelbeere
vor allem zur Her-
stellung eines Zauber-
tranks verwendet.

Die weißen Dornlinge
sind die Hüter
des Schwarz-
dorns.

„Von alten Eichen
sollst du weichen".

Aus dem Stumpf einer gefällten Eiche sprießen Triebe, die eine Art Dickicht bilden, das von kleinen Eichenmännchen bewohnt ist, die zornig sind, weil man ihnen ihr Baumhaus nahm.
Speise, die sie dem Wanderer anbieten, mag unwiderstehlich erscheinen und verführerisch duften, aber man soll sich hüten! Es handelt sich um nichts weiter als hinter „Blendwerk" verborgene Giftpilze.

Die Weide steigt bei Nacht mit ihren Wurzeln
aus der Erde und stelzt, leise vor sich hinmurmelnd,
hinter dem unvorsichtigen Wanderer her.

Mancher Holunder ist in Wirklichkeit eine Hexe in Baumform, und man soll ihn nicht fällen, ohne vorher die Erlaubnis eingeholt zu haben:
„Altes Mädchen, gib mir dein Holz, und ich gebe dir meines, wenn ich zu einem Baum geworden bin."

Kinder sollen niemals und unter keinen Umständen in eine Holunderwiege gelegt werden, denn das „Kleine Volk" wird sie grün und blau kneifen. Holunderholz bringt Unheil, denn es zieht den Teufel an.

Der Geist der Birke hat weiße Spinnenfinger. Wen er am Kopf berührt, der behält ein weißes Mal und verliert den Verstand.

Die Erle wird von Wassergeistern beschützt.

Den letzten Apfel
am Baum soll man
immer für das Apfel-
baummännchen übrig-
lassen, damit es im
nächsten Jahr wieder
eine gute Ernte
beschert.

Der Stab der Druiden war ein Eschenstab,
und Eschenholz heilt auch Krankheiten.
In den Anfängen der Homöopathie wurden
Kinder, die ihre Glieder nicht richtig
gebrauchen konnten, durch eine gespaltene
Esche hindurchgeschoben, wonach der Baum
zusammengebunden wurde. Gesundete
der Baum, so gesundete auch das Kind.

Pilze

In vielen Geisterlegenden und -liedern spielen Pilze eine Rolle. Ihr schnelles Wachstum und ihr plötzliches Erscheinen waren dem Menschen unheimlich und nur durch übernatürliches Wirken erklärlich. Am 15. Juni reitet in den Ländern der Alten Welt St. Veit auf seinem blinden Roß durch die Wälder und läßt Pilze sprießen. Ihre eigentümlichen Formen und unwirklichen Farben – manche sind sogar fluoreszierend – und die Tatsache, daß so viele unter ihnen giftig sind, wurden als sicheres Zeichen dafür gewertet, daß es sich um des Teufels Samen handeln mußte.

»... du, der zum Zeitvertreib
mitternächtlich Pilze sprießen läßt.«

Am allerhäufigsten wird der hochgiftige Fliegenpilz (Amarita Muscovia) mit übernatürlichen Erscheinungen in Zusammenhang gebracht. Die Wikinger aßen ihn vor dem Kampf und erlangten so ihre berühmte »Berserker«kraft.
Die nordische Mythologie berichtet, wie Wotan einst von Teufeln gejagt wurde. Vom Maul seines galoppierenden achtbeinigen Schimmels Sleipnir stob roter Schaum, der sich, sobald er zur Erde gefallen war, in rote Pilze verwandelte. Amarita Muscovia war darum für die Wikinger eine Gabe der Götter. Die Kelten belegten den roten Pilz mit einem Tabu, ebenso wie manche roten Früchte, zum Beispiel Vogelbeeren, und außerdem Nüsse. Sie waren den Göttern vorbehalten.

Nach Robert Graves ist Amarita Muscovia Nektar und Ambrosia der griechischen Götter. Diese Ansicht wird durch die Tatsache untermauert, daß dieser Pilz in so verschiedenen Teilen der Erde wie Sibirien, Mexiko und Borneo ebenfalls als Speise der Götter gilt. Der Genuß von Fliegenpilz-Extrakt verursacht bei den betroffenen Personen eine starke Erregung, sie tanzen wild und sprechen mit unsichtbaren Partnern. Welcher Pilz wäre also besser geeignet als Sitz der Elfen und Pforte zum Zauberland? Was Wunder, daß so mancher Pilz, wie zum Beispiel der grüne Knollenblätterpilz oder der Satanspilz, seinen festen Platz im Zauberreich hat?

Brian Froud 1977

Wenn man auch von Pilz-„Hut" spricht, heißt dies noch lange nicht, daß solche Hüte vom Kleinen Volk getragen werden. Sie bevorzugen raffiniertere Modelle.

Grünblättriger
Schwefelkopf

Dieser Pilz steht an Tanzflächen des Geistervolkes.
Die moderne Forschung hat ein hohes Alter
solcher Ringe nachgewiesen –
manche sind über 600 Jahre alt.

Besuch im Zauberreich

Zur Zeit des Bürgerkriegs lebte in England eine gewisse Anne Jefferies, die berühmt und berüchtigt war, denn sie behauptete, vom »kleinen Völkchen« ins Zauberreich entführt worden zu sein, hatte hellseherische Fähigkeiten und konnte Krankheiten durch Handauflegen heilen. Eines Tages, so berichtet Anne, saß sie in einem schattigen Winkel ihres Gartens und strickte. Da vernahm sie hinter sich ein leises Rascheln. In der Meinung, es sei ihr Liebster, tat sie so, als habe sie nichts gehört. Bald darauf erklang unterdrücktes Lachen und ein leises Klingeln, und sechs wohlgestalte kleine Männchen traten zu ihr in die Laube. Der hübscheste von ihnen trug eine rote Feder am Hut. Er sprach artige Worte zu ihr, und als sie ihm die Hand hinreichte, sprang er hinauf. Sie setzte ihn auf ihrem Schoß ab. Da kletterte er auf ihren Busen hinauf und begann, ihren Nacken zu küssen. Als die übrigen Männlein bemerkten, daß seine Zärtlichkeiten ihr wohlgefielen, kletterten sie über die Falten ihres Gewandes hinauf und bedeckten sie ebenfalls mit Küssen. Plötzlich berührte einer ihre Augen, und alles um sie herum versank in Dunkelheit. Sie fühlte, wie sie durch die Luft getragen und nach einer Weile abgesetzt wurde. Wieder nach einer Weile wagte sie, die Augen zu öffnen und fand sich in einem herrlichen Land unter saftiggrünen Bäumen und umgeben von den schönsten Blumen. Hier und dort in all dem Grün standen goldene und silberne Paläste, dazwischen lagen schimmernde Seen, in denen prächtige Fische schwammen. In den Zweigen sangen buntgefiederte Vögel. Kostbar gekleidete Gestalten promenierten auf den Wegen, ruhten oder gaben sich anderem Zeitvertreib hin. Sie erschienen Anne nicht kleiner als sie selbst, und sie bemerkte zu ihrem Entzücken, daß sie ebenso herrlich gekleidet war wie die anderen. Umgeben von ihren sechs Bewunderern fühlte sie sich unendlich glücklich und hätte für immer dort bleiben mögen. Ein wenig später stahl sie sich mit ihrem Beau mit der roten Feder davon. Aber ihr Glück währte nicht lange, denn die anderen fünf fielen über sie her. Wieder versank alles in Dunkelheit, und wieder wurde sie durch die Lüfte getragen und fand sich schließlich, auf dem Rücken liegend, in ihrer Laube wieder, über sich die besorgten Gesichter ihrer Familie.

In Windeseile sprach sich herum, was sie erlebt hatte, und die Leute kamen von weither, um sie zu sehen. Obwohl sie nach wie vor von den Geistern beschützt wurde, konnten diese doch nicht verhindern, daß sie schließlich im Jahre 1646 vor Gericht gestellt, verurteilt und schließlich ins Gefängnis geworfen wurde.

Wem Geister sich zeigen

Sir Arthur Conan Doyle berichtet in seinem Buch *»Die Geister kommen«* von den Erlebnissen einer Miss Winter aus Blarney in Cork, deren Familie offensichtlich zu wiederholten Malen »Besuch« aus der »anderen« Welt empfing. Im Falle der Miss Winter handelte es sich um einen Kobold namens Bebel (einer seiner Besuche erstreckte sich über fast eine Stunde). Bebel erläuterte ihnen, daß er ein Lepracaun sei. Er hatte eine große Zuneigung zu den Kindern der Familie gefaßt, und oft sah man sie alle fröhlich mit ihm vereint am Tisch sitzen und plaudern. Der Lepracaun erklärte den Kindern, wie gut die Lepracauns mit Kaninchen auskommen und wie sie auf dem Rücken der Hennen reiten und daß sie Hunde nicht mögen und von den Hunden gejagt werden.

Er erzählte ihnen auch, daß Pixies in der nahegelegenen Burgruine wohnten und daß diese im Winter zu den Lepracauns zögen, wenn es in der Burg zu kalt sei. Bei den Lepracauns gäbe es, wie bei den Menschen, Männer und Frauen, und sie hätten eine Königin, Picel, die auf einer großen, schillernden Libelle reite.

Ein Freund des Dichters Dermot Mac Manus, Verfasser von *»The Middle Kingdom«,* verriet, daß er als Knabe beim Baden in einem Teich, den er und seine Freunde nicht weit von Foxford entdeckt hatten, Bekanntschaft mit einem Lepracaun gemacht hatte.

Nach dem Bade waren die Jungen nackt herumgelaufen und hatten einander gejagt, um zu trocknen. Dann zogen sie sich an und begaben sich gemächlich auf den Heimweg. Beim Überqueren eines Feldes sah Mac Manus' Freund etwas huschen und hinter einem Stein verschwinden. Er teilte den Freunden seine Beobachtung mit, diese aber meinten, es könne nur eine Vogelscheuche gewesen sein, deren leere Ärmel im Winde schlugen. Seine Neugier war aber geweckt, und er ging zu dem Stein, um sich zu vergewissern. Da stand er plötzlich einem kleinen, etwa 1,20 m großen Männchen gegenüber, das in einen kragenlosen glänzendschwarzen, bis zum Kinn geknöpften Mantel gehüllt war und eine Kappe trug. Es hatte einen graumelierten Schnurrbart und ein freundliches Grinsen auf dem Gesicht, aber die Jungen rannten, als ob der Teufel hinter ihnen her wäre.

Eine andere Begegnung mit übernatürlichen Wesen ereignete sich Ende des 19. Jahrhunderts in dem Heilbad Ilkley Wells in Yorkshire:
Ein Mann namens William Butterfield pflegte dort morgens als erstes die Tür zu den Bädern aufzuschließen. Eines Morgens steckte er wie gewohnt den Schlüssel ins Schloß, aber er faßte nicht, sondern drehte sich im Leeren. William Butterfield zog ihn deshalb heraus, um zu prüfen, ob vielleicht der Bart abgebrochen wäre. Es war aber alles in Ordnung und der Schlüssel so massiv wie immer. Also drückte William leicht gegen die Tür, die auch nachgab, dann aber durch einen kräftigen Gegendruck von der Innenseite wieder geschlossen wurde. Er gab daraufhin der Tür einen kräftigen Stoß, daß sie aufflog und gegen die Wand schlug. Zu seinem Erstaunen sah er, daß das Wasser vollständig mit kleinen Wesen in grünen Anzügen bedeckt war, die planschten und tauchten, als ob sie ein Bad nähmen, und dazu unverständlich brabbelten. Bald schickten sich die ersten an zu gehen, und William Butterfield, der gern mit ihnen sprechen wollte, rief:

»Hallo, ihr da!«, worauf die ganze Gesellschaft kreischend auseinanderstob, wie eine Schar aufgescheuchter Vögel, und auf Nimmerwiedersehen verschwand.

Geist und Materie

Für die Theosophen ist die Geisterwelt Bestandteil einer geistigen Welt, die neben der physischen existiert. Nach ihrer Meinung besteht die Funktion der Geisterwesen darin, Prana, das heißt Lebenskraft, von der Sonne aufzunehmen und an die physische Welt abzugeben. Blumenelfen zum Beispiel sind Naturgeister, die das unentbehrliche Bindeglied zwischen der Sonnenenergie und den Mineralstoffen des Bodens darstellen. Es gibt Elfen, die für die Struktur und die Farben der Blumen verantwortlich sind, andere, die im Boden um die Wurzeln herum wirken, und wieder andere, die auf Molekularebene das Zellwachstum beeinflussen. Noch andere Gattungen fördern das Wachstum im Reich der Mineralien, der Tiere und der Pflanzen. Der Elfenleib nimmt die allerfeinsten und flüchtigsten physikalischen Zustände an. In sichtbarem Zustand ist er ätherisch (feiner als gasförmig); im unsichtbaren Zustand befindet er sich auf Astral-Ebene (feiner als ätherisch). Zwischen diesen Zuständen wechseln die Zauberwesen nach Belieben; der Astralleib ist jedoch nur noch für den Hellseher sichtbar. »Geist«-Materie ist so empfindlich und flüchtig, daß sie durch Gedanken und Gefühle geformt werden kann. Im Ruhezustand besteht ein Geist aus einem pulsierenden Lichtkern,

der sich verdichtet, sobald er auf ätherischer Ebene erscheinen will, wobei die diversen Gattungen sich eines kollektiven Bewußtseins bedienen, das ihnen sozusagen als Schablone für die Form dient, in der sie auftreten. In dieser Weise entstehende Formen imitieren zumeist pflanzliche und tierische Elemente oder halten sich an ein traditionelles Muster. Auch Gedankenmuster aus dem menschlichen Unterbewußtsein finden Verwendung. Daher reflektieren Geistererscheinungen häufig nur die Vorstellung, die wir uns von ihnen machen. Ganz natürlich ergibt sich so eine große Vielzahl und Vielfalt der Erscheinungsformen, die sich jedoch meist von einer verkleinerten Menschengestalt ableiten, die darüber hinaus in irgendeiner Weise mißgestaltet oder auffällig ist. Als Folge seiner ätherischen Natur kann ein Zauberwesen seine Größe selbst bestimmen. Für solche, die von Haus aus klein sind, bedeutet es jedoch eine gewaltige Anstrengung, über längere Zeiträume hinweg eine größere Form beizubehalten. Will ein Geist in anderer als seiner gewöhnlichen Gestalt auftreten, muß er sich von der neuen Erscheinungsform eine feste und klar umrissene Vorstellung machen und sich auf diese konzentrieren. Sobald sein Denken abschweift, wird er sich in seine ursprüngliche Gestalt zurückverwandeln. Die Energiewellen, die den Geist-Körper durchströmen, lassen oft den Eindruck wehenden Haares oder gespreizter Flügel und immer neuer Farbschattierungen entstehen. Die Flügel dienen jedoch nicht der Fortbewegung, denn ein Zauberwesen kann nach Belieben Luft und Materie durchdringen.

Ein Hellseher berichtet

Die überlieferten Erscheinungsformen, wie sie sich Menschen mit hellseherischen Fähigkeiten darstellten, sind eher praktisch greifbarer Natur. Der Hellseher Geoffrey Hodson beschreibt in seinem Buch *»Fairies at Work and at Play«* die Geistererscheinungen, die er sah. Ein Heinzelmännchen, das in Hodsons Haushalt lebte, beschreibt er so: »Seine Größe mag fünf bis sechs Zoll betragen. Auf dem Kopfe trägt es eine spitze Kappe aus wildlederähnlichem Material. Sein Gesicht ist jugendlich frei und offen und von frischer, gesunder Farbe, und große, runde dunkelbraune Augen glänzen darin. Sein Hals ist für unsere Begriffe etwas zu dünn und zu lang. Gekleidet ist es in ein grünes Wams und Kniehosen. Dazu trägt es grobe Strümpfe und sehr große Stiefel.«

Eine goldene Fee, licht in den Farben, voll Lachen und Glück, offen und furchtlos im Ausdruck, umgeben von einer goldenen Aura, in der die Umrisse der zarten Flügel schwach sichtbar werden. In ihrer Haltung und ihrem Ausdruck liegt eine Andeutung von Spott, als mache sie sich lustig über die armen Sterblichen, die sie betrachten und zu ergründen suchen.«
In einem Wasserfall begegnet ihm Undine: »... mit einzigartig schönem, nacktem Frauenkörper. Das Haar ist hell und glänzend, die Stirn und die Gesichtszüge sind edel geformt, die Augen sind groß und schimmernd; der Ausdruck dieser Augen hat etwas Wildes, ist aber nicht unfreundlich.«
Grüne Baumnymphen im Wald von Epping beschreibt er als »... junge Mädchen von normaler Menschengröße, mit langem, dunklem Haar, das lose herabfällt und ihnen ein ziemlich wildes Aussehen verleiht. Manche tragen Blumengewinde und Halsketten aus Blättern.«

Der Waldschrat

Der Waldschrat ist winzig klein und sieht aus, als trüge er einen einteiligen Lederanzug, der wie von Feuchtigkeit glänzt und die Farbe der Baumrinde hat. Hände und Füße sind im Vergleich zum Körper übermäßig groß. Die Beine sind dünn und die Ohren spitz nach oben gerichtet. Auch die Nase ist spitz, und der Mund ist breit.

Was die Dichter über die Welt der Geister sagen

Auch Tom der Reimer, ein Poet des 13. Jahrhunderts, machte Bekanntschaft mit der „anderen" Welt. Als er eines Tages am Ufer des Huntley River ruhte, ritt niemand anders als die Elfenkönigin selbst an ihm vorüber. Sie war ganz in Grün gekleidet und ritt eine Stute, in deren Mähne zahllose Silberglöckchen eingeflochten waren. Durch einen Kuß nahm sie ihn gefangen und nahm ihn zu sich auf ihr Pferd, das sie durch Wüsten und Ströme roten Blutes in einem grünen Garten im Elfenland trug. Ein Apfel verlieh Tom die Gabe der Wahrsagung und eine Zunge, die nicht lügen konnte.
Sieben Jahre lebte Tom der Reimer im Elfenland, ehe er zur Erde zurückkehrte, um Gedichte zu schreiben und die Zukunft vorher zu sagen. Es heißt auch, daß er schließlich ins Elfenland zurückkehrte und noch heute als Berater am Hofe der Elfenkönigin lebt.

Andere aber sind nie mehr aus dem Reich der Geister zurückgekehrt. Schöne junge Burschen wurden fortgelockt, um Liebhaber von Elfenprinzessinnen zu werden. Kräftige Jungen wurden als Arbeiter oder als Soldaten für Geisterkämpfe benötigt.

Tom der Reimer

Der Reimer Thomas lag am Bach,
am Kieselbach bei Huntley Schloß.
Da sah er eine blonde Frau,
die saß auf einem weißen Roß.
Sie saß auf einem weißen Roß,
die Mähne war geflochten fein,
Und hell an jeder Flechte hing
ein silberblankes Glöckelein.

Und Tom der Reimer zog den Hut,
und fiel aufs Knie, er grüßt und spricht:
Du bist die Himmelskönigin!
Du bist von dieser Erde nicht!
Die blonde Frau hält an ihr Roß:
Ich will dir sagen, wer ich bin:
Ich bin die Himmelsjungfrau nicht,
ich bin die Elfenkönigin!

Nimm deine Harf und spiel und sing
und laß dein bestes Lied erschall'n!
Doch wenn du meine Lippe küßt,
bist du mir sieben Jahr verfall'n!
Wohl sieben Jahr, o Königin,
zu dienen dir, es schreckt mich kaum!
Er küßte sie, sie küßte ihn,
ein Vogel sang im Eschenbaum.

Nun bist du mein, nun zieh mit mir,
nun bist du mein auf sieben Jahr!
Sie ritten durch den grünen Wald,
wie glücklich da der Reimer war!
Sie ritten durch den grünen Wald,
bei Vogelsang und Sonnenschein,
Und wenn sie leicht am Zügel zog,
so klangen hell die Glöckelein.

Theodor Fontane,
nach einer schottischen Ballade von
Francis James Child

Die Blütenfee

Maien auf den Bäumen, Sträußchen in dem Hag.
Nach der Schmiede reitet Janko früh am Tag.
Blütenschneegestöber segnet seine Fahrt,
Lilien trägt des Rößleins Mähne, Schweif und Bart.
Lacht der muntre Knabe: »Sag mir, Rößlein traut:
Bist gekränzt zur Hochzeit, doch wo bleibt die Braut?«
Horch, ein Pferdchen trippelt hinter ihm geschwind,
Auf dem Pferdchen schaukelt ein holdselig Kind.
Solche kleine Fante nimmt man auf den Schoß.

Auf die Schulter wirft ers spielend: »Böser Bub du!
Weh! ich hab verloren meinen Lilienschuh.«
Rückwärts sprengt er suchend ein geraumes Stück.
Wie er mit dem Schuhe eilends kam zurück,
An des Kindes Stelle saß die schönste Maid.
Da geschah dem Jungen süßes Herzeleid.
Flüsterte die Schöne: »Liebster Janko mein,
Hab ein kostbar Ringlein, strahlt wie Sonnenschein.
Bin dir hold gewogen, schenk es dir zum Pfand.
Weh! ich hab's vergessen, badend an dem Strand.«
Wie er mit dem Ringlein wiederkehrte, schau,
Hing gebückt im Sattel eine welke Frau.
Ihre Zunge stöhnte: »Janko, du mein Sohn!
Weh! ein Tröpfchen Wasser! Schnell! um Gotteslohn.«
Wie er mit dem Wasser kam zum selben Ort,
War zu Staub und Asche Weib und Pferd verdorrt.

Carl Spitteler

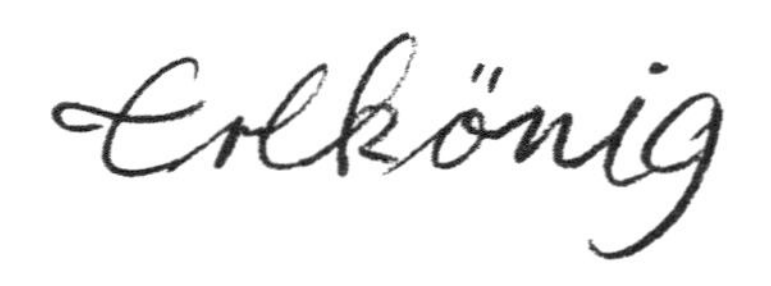

Wer reitet so spät durch Nacht und Wind?
Es ist der Vater mit seinem Kind.
Er hat den Knaben wohl in dem Arm,
Er faßt ihn sicher, er hält ihn warm.

»Mein Sohn, was birgst du so bang dein Gesicht?«
»Siehst, Vater, du den Erlkönig nicht,
Den Erlkönig mit Kron' und Schweif?«
»Mein Sohn, es ist ein Nebelstreif.«

»Du liebes Kind, komm, geh mit mir!
Gar schöne Spiele spiel ich mit dir;
Manch bunte Blumen sind an dem Strand,
Meine Mutter hat manch gülden Gewand.«

»Mein Vater, mein Vater, und hörest du nicht,
Was Erlkönig mir leise verspricht!?«
»Sei ruhig, blieb ruhig, mein Kind;
In dürren Blättern säuselt der Wind.«

»Willst, feiner Knabe, du mit mir gehn?
Meine Töchter sollen dich warten schön;
Meine Töchter führen den nächtlichen Reihn
Und wiegen und tanzen und singen dich ein.«

»Mein Vater, mein Vater, und siehst du nicht dort
Erlkönigs Töchter am düstern Ort?«
»Mein Sohn, mein Sohn, ich seh es genau,
Es scheinen die alten Weiden so grau.«

»Ich liebe dich, mich reizt deine schöne Gestalt;
Und bist du nicht willig, so brauch ich Gewalt.«
»Mein Vater, mein Vater, jetzt faßt er mich an!
Erlkönig hat mir ein Leids getan!«

Dem Vater grausets, er reitet geschwind,
Er hält in Armen das ächzende Kind,
Erreicht den Hof mit Mühe und Not –
In seinen Armen das Kind war tot.

Johann Wolfgang von Goethe

Zwei Liebchen

Ein Schifflein auf der Donau schwamm,
Drinn saßen Braut und Bräutigam,
Er hüben und sie drüben.

Sie sprach: »Herzliebster, sage mir,
Zum Angebind, was geb ich dir?«

Sie streift zurück ihr Ärmelein,
Sie greift ins Wasser frisch hinein.

Der Knabe, der tät gleich also
Und scherzt mit ihr und lacht so froh.

»Ach, schöne Frau Done, geb Sie mir
Für meinen Schatz eine hübsche Zier!«

Sie zog heraus ein schönes Schwert;
Der Knab hätt lang so eins begehrt.

Der Knab, was hält er in der Hand?
Milchweiß ein köstlich Perlenband.

Er legts ihr um ihr schwarzes Haar,
Sie sah wie eine Fürstin gar.

»Ach, schöne Frau Done, geb Sie mir
Für meinen Schatz eine hübsche Zier!«

Sie langt hinein zum andern Mal,
Faßt einen Helm von lichtem Stahl.

Der Knab vor Freud entsetzt sich schier,
Fischt ihr einen goldnen Kamm dafür.

Zum dritten sie ins Wasser griff:
Ach weh! da fällt sie aus dem Schiff.

Er springt ihr nach, er faßt sie keck,
Frau Done reißt sie beide weg:

Frau Done hat ihr Schmuck gereut,
Das büßt der Jüngling und die Maid.

Das Schifflein leer hinunterwallt;
Die Sonne sinkt hinter die Berge bald.

Und als der Mond am Himmel stand,
Die Liebchen schwimmen tot ans Land,
er hüben und sie drüben.

Eduard Mörike

Die Lorelei

Ich weiß nicht, was soll es bedeuten,
Daß ich so traurig bin;
Ein Märchen aus alten Zeiten,
Das kommt mir nicht aus dem Sinn.

Die Luft ist kühl und es dunkelt,
Und ruhig fließt der Rhein;
Der Gipfel des Berges funkelt
Im Abendsonnenschein.

Die schönste Jungfrau sitzet
Dort oben wunderbar;
Ihr goldnes Geschmeide blitzet,
Sie kämmt ihr goldenes Haar.

Sie kämmt es mit goldenem Kamme
Und singt ein Lied dabei;
Und hat eine wundersame
Gewaltige Melodei.

Den Schiffer im kleinen Schiffe
Ergreift es mit wildem Weh;
Er schaut nicht die Felsenriffe,
Er schaut nur hinauf in die Höh.

Ich glaube, die Wellen verschlingen
Am Ende Schiffer und Kahn;
Und das hat mit ihrem Singen
Die Lore-Ley getan.

Heinrich Heine

Während der Arbeit an den Illustrationen zu diesem Buch erhielt der Zeichner Brian Froud diesen ungewöhnlichen Brief aus Matawan, New Jersey, dem die abgebildete Zeichnung beilag ...

30. Dezember 1977

Sehr geehrter Herr Froud,
bitte entschuldigen Sie, wenn ich Sie mit diesem Brief behellige; es ist sonst nicht meine Art, Fremde mit Korrespondenz zu belästigen. Ich gehöre zu den vielen Bewunderern Ihrer Arbeiten und bitte Sie, dieses Schreiben als eine Art von Verehrerbrief zu betrachten. Vor kurzem habe ich eines der ältesten Landhäuser in New Jersey (1677) geerbt, und ich mußte das Anwesen entrümpeln, um es zu verkaufen. Da es sich seit der Zeit vor der Revolution im Besitz meiner Familie befand, handelt es sich um ein recht interessantes, wenn auch etwas düsteres Objekt. Ich selbst bin Spielzeugmacher und baue in meiner Werkstatt auch Pferdewagen. So sehr ich meinen Beruf auch liebe, könnte ich doch nicht behaupten, daß er genug abwirft, um ein so großes altes Landhaus zu unterhalten (das macht auch nichts, da ich aus verschiedenen Gründen nicht dort leben würde). Zu den liebsten Stücken aus diesem Haus gehört die beigefügte Zeichnung, von der ich hoffe, daß Sie sie annehmen als Zeichen der Wertschätzung Ihrer Arbeiten und des Dankes für so manche glückliche Stunde, die ich in Betrachtung Ihrer Zeichnungen verbrachte. Mit der Skizze hat es folgende Bewandtnis: Im Sommer des Jahres 1887 fällte mein Urgroßvater, James M. Hawkins, in der Nähe des Hauses einen abgestorbenen Apfelbaum. Nach vollbrachter Tat ging er und holte sich ein Buch, eine Pfeife und einen Krug Tee und setzte sich damit in den Garten, um ein wenig auszuruhen. Es dauerte nicht lange, so erschien auf einem Ast des fraglichen Apfelbaumes ein kleines Männchen mit einer Schreibfeder am Hut und einem dichten, weißen Vollbart. Seine Größe betrug etwa sechs Zoll; sonst war es in keiner Weise auffällig. Eine Weile betrachteten die beiden einander, ehe das Männchen fragte, warum er den Baum abgehauen habe. Mein Urgroßvater erwiderte, daß der Baum abgestorben sei und im Winter umgestürzt wäre und daß er das habe vermeiden wollen. Das Männchen fragte, was er mit dem Holz zu tun gedenke, und erhielt die Auskunft, daß es als Feuerholz gedacht sei. Da wurde es furchtbar zornig und schrie, daß man das Heim, in dem es so viele Jahre gewohnt habe, nicht einfach so mir nichts, dir nichts verfeuern könne. Wer das tue, werde es bereuen. Mein Urgroßvater fragte daraufhin, was er denn sonst mit dem Holz tun solle, und das Männchen antwortete nach kurzem Nachdenken, er solle eine Wiege für seine Kinder daraus bauen; sie würde ihnen Glück bringen.
Dann stampfte es mit dem Fuß, murmelte etwas in einer »fremden« Sprache, die meinem Urgroßvater wie Indianisch vorkam, und war verschwunden. Urgroßvater nahm sofort einen Bleistift und hielt das Aussehen des Männchens in einer Skizze auf dem Deckblatt des Buches auf seinem Schoß fest. Er baute die Wiege – wirklich eine gute Arbeit –, die mir noch heute lieb und wert ist und die mich beeindruckt, weil ich selbst vergeblich versucht habe, in Apfelholz zu arbeiten und daher weiß, wie schwer es sich bearbeiten läßt; denn es ist knorrig mit vielen Astlöchern, und es läßt sich kaum etwas damit anfangen. Den Kindern, die in der Wiege gelegen hatten, erging es tatsächlich wohl. Sie waren alle erfolgreich im Leben und erreichten ein hohes Alter. Vielleicht sollte ich noch hinzufügen, daß mein Urgroßvater als sehr nüchterner Mensch bekannt war, der von eingebildeten Dingen nichts hielt.
Möglicherweise ist Ihnen bekannt, daß in den Legenden der Indianer allerlei Elfen, Kobolde und dergleichen vorkommen, die bei den LeniLenapi (dem Stamm, der in dieser Gegend heimisch ist) »Nan A Push« heißen, was soviel wie »kleine Leute aus dem Wald« bedeutet. Jedenfalls bin ich der Meinung, daß Skizzen, wie die beigefügte, nur von Wert sind, wenn sie weitergereicht werden ...
Mit den besten Wünschen verbleibe ich als
Ihr Toby Grace

Die Fotos auf diesen Seiten stammen von einer Expedition, die Froud und Lee nach Fertigstellung der Illustrationen zu diesem Buch unternahmen.

Zweck der Forschungsfahrt war, das bisher zusammengetragene Material durch neuere Daten zu ergänzen. Aber obwohl die Route sorgfältig gewählt war und durch Regionen führte, die dafür bekannt sind, daß es dort nicht mit rechten Dingen zugeht, blieb ihre Reise ohne Erfolg.

Die gemachten Aufnahmen wurden einem Expertenteam zur genaueren Begutachtung vorgelegt, und die Fachleute sind der Ansicht, daß hier tatsächlich Anzeichen für das Vorhandensein von Geistern vorliegen.

Genehmigte Lizenzausgabe für Verlagsgruppe Weltbild GmbH,
Steinerne Furt, 86167 Augsburg
Die Originalausgabe erschien unter dem Titel *Faeries*
bei Harry N. Abrams, Inc., New York.

Dies ist die kritisch durchgesehene und zum Teil
neu gestaltete Ausgabe des 1979 im Stalling Verlag GmbH,
Oldenburg und München erschienenen Werkes
„Das große Buch der Geister“.
Aus dem Englischen übersetzt von Renate Reimann.
Handschrift durch Reinhard Stolte.
Umschlaggestaltung: Johannes Frick, Augsburg
Gesamtherstellung: aprinta Druck GmbH & Co. KG,
Senefelderstraße 3 – 11, 86650 Wemding

Printed in Germany

ISBN 3-8289-4909-6

2006 2005 2004 2003
Die letzte Jahreszahl gibt die aktuelle Lizenzausgabe an.